国家社会科学基金一般项目（14BTY047）结项成果

中外学校体育思想流派梳理补阙

彭小伟 ◎ 著

人民体育出版社

图书在版编目（CIP）数据

中外学校体育思想流派梳理补阙/彭小伟著. -- 北京：人民体育出版社，2022
ISBN 978-7-5009-6173-4

Ⅰ.①中… Ⅱ.①彭… Ⅲ.①体育教育－教育思想－研究－世界 Ⅳ.①G811.5

中国版本图书馆 CIP 数据核字（2022）第 083828 号

*

人 民 体 育 出 版 社 出 版 发 行
北京中献拓方科技发展有限公司印刷
新 华 书 店 经 销

*

710×1000　16 开本　12.25 印张　200 千字
2022 年 5 月第 1 版　2022 年 5 月第 1 次印刷

*

ISBN 978-7-5009-6173-4
定价：55.00 元

社址：北京市东城区体育馆路 8 号（天坛公园东门）
电话：67151482（发行部）　　　邮编：100061
传真：67151483　　　　　　　　邮购：67118491
网址：www.psphpress.com
（购买本社图书，如遇有缺损页可与邮购部联系）

前言 FOREWORD

20世纪40年代，美国社会学家默顿在《论理论社会学》中论述道："一方面，高度综合的宏观层面理论因远离特定的现象，对具体问题缺乏现实解释力；另一方面，微观层面的经验调查仅是对特定事件的详尽描述，缺乏整体概括性。""一个完整的理论体系应是由宏观思想内核、中观支撑理论、微观工作方法三个层面共同组成"，并以当时社会学研究领域中的参考群体理论、社会流动理论、角色丛理论等为范例，较为系统地阐述了中层理论研究的概念、对象、意义、特征、方法等基本理论问题，标志着中层理论不仅特指某一学科的特定理论层次，同时也作为一种新的研究方法论被正式提出。默顿的学术思想得到了社会学、管理学、教育学等相关学科的呼应，各学科纷纷从自身发展的需要去认识中层理论的价值，在提升学科理论的系统性与实践性的同时，也以"类型问题""区域研究""适度超前"等新观点丰富了中层理论的思想内涵。

我国学校体育实践曾长期处于"摸着石头过河"的经验探索时期，仅注重经验概括，制定工作规范；在各流派学校体育思想"百花齐放"时期，各种"主张"盛行而漠视"支撑理论"；在第八次体育课程与教学改革时期，强调践行"健康第一"思想的科学依据，理论准备不足问题凸显；在《国家中长期教育改革与发展规划纲要（2010—2020年）》颁布以后的科学理性发展时期，为获得更加明确、集约的理论指导，需要对不同流派研究成果加以澄清与融合。因此，亟待加强学校体育中层理论研究，以提高学校体育各思想流派理论及实践体系的完整性、自洽性与实践指导力。

本研究将中层理论概念引入学校体育研究领域，以此加强人们对学校体育中层理论研究价值的认识并为其提供方法论依据，为取得更为丰富的学校体育中层理论研究成果奠定必要基础，发挥学校体育中层理论依托宏观、驾驭微观，指导实践科学发展的重要价值。研究主要内容包括学校体育中层理论的提出、定位、剥离、甄别、缺失标示，在此基础上完成对各思想流派学校体育理论的层次划分、结构梳理，以及当下意义的分析与融合，并最终构建可供当前我国学校体育实践发展借鉴的理论体系。具体包括以下四方面：

一是学校体育中层理论的方法论依据。借鉴相关学科中层理论思想方法，结合学校体育理论研究自身特征，界定学校体育中层理论的概念、特征，探讨研究的意义与方法。

二是各思想流派学校体育理论的结构梳理。全面回顾我国学校体育发展历程，对在期间具有一定影响力的学校体育思想，如体质教育论、运动技能论、运动文化论、运动教育论、快乐体育论、健康体育论、终身体育论，及其下位理论，进行大量收集、整理。同时，在进行层次区分的基础上，依据"指导思想—中层理论—实践方法"的逻辑结构对各思想流派学校体育理论加以梳理，并明确其中缺失部分。

三是各思想流派学校体育理论的内容梳理。对不同程度存在于上述各思想流派学校体育理论中的问题，如学校体育思想误读、中层理论错误、实践方法盲目等，进行全面分析。

四是中层理论视域下学校体育理论体系的构建。依据当前学校体育存在的现实问题及主要矛盾，深入分析和预测现阶段我国学校体育发展所应具备和充实的思想、理论，融合各流派理论成果，构建出具有宏观、中观、微观三层次结构的学校体育理论体系。

在研究过程中，查阅、收集、整理了不同历史时期在我国具有影响力的学校体育思想、支撑理论、实践方法的文献记载，力争获取第一手资料，全面准确地回顾、还原历史。同时，就不同流派学校体育思想产生与发展的历史背景、实践领域的影响、成熟程度、当前应用价值与途径、所构建理论体系的科学性等问题对相关专家、资深教研员展开较大面积的调查、访谈。此外，通过"结构解析""类比凸显""特点归纳""有效因果"等研究，理顺不同流派、层面学校体育理论之间的逻辑关系，并以"指导思想—中层理论—实践方法"的结构对各思想流派学校体育理论进行重新整理，也通过对各思想流派学校体育理论的成熟度进行评估，呈现了学校体育科学化发展过程中亟待解决的关键问题，在此基础上深度挖掘各流派理论的"当下意义"，构建出相对结构完整、"观照现实"的学校体育理论体系，以期丰富和充实《学校体育学》专业教材内容，为学校体育实践提供理论参考。

CONTENTS 目 录

第一章　绪　论 ·· 001
　一、问题的提出 ··· 001
　二、研究目的与意义 ··· 004
　三、研究思路与方法 ··· 005
　四、创新之处 ·· 006

第二章　中层理论研究概述 ·· 007
　一、中层理论思想的形成与发展 ··· 007
　二、中层理论视域下教学研究的困境与经验 ························· 024

第三章　学校体育中层理论的概念界定及现状分析 ···················· 033
　一、学校体育中层理论的内涵与外延 ··································· 033
　二、学校体育中层理论研究现状 ··· 037
　三、学校体育中层理论研究不足的衍生问题 ························· 044
　四、学校体育中层理论研究不足的原因分析 ························· 047
　五、结语 ·· 054

第四章　体质教育论：薄弱的健身学理论基础 ··························· 055
　一、体质教育论的基本主张 ··· 055
　二、体质教育论的实施困境 ··· 056

三、中层理论视域下体质教育论的梳理与补阙 …………………… 058
四、结语 ………………………………………………………………… 065

第五章　运动技能论：运动技能学习的学理困局 …………………… 067
一、运动技能论的基本主张 …………………………………………… 067
二、运动技能论的理论分歧与实践困境 ……………………………… 068
三、中层理论视域下运动技能论的梳理与补阙 ……………………… 081
四、结语 ………………………………………………………………… 094

第六章　运动文化论：学校体育中层理论研究的典范 ……………… 096
一、运动文化论的核心思想 …………………………………………… 096
二、中层理论视域下运动文化论的梳理 ……………………………… 098
三、运动文化论中层理论建构的启示 ………………………………… 103
四、结语 ………………………………………………………………… 105

第七章　快乐体育论：内涵认识与实践方法的偏差 ………………… 107
一、快乐体育论的思想内涵 …………………………………………… 107
二、快乐体育论在我国的发展困境 …………………………………… 108
三、中层理论视域下快乐体育论的梳理与补阙 ……………………… 110
四、结语 ………………………………………………………………… 114

第八章　运动教育论：松散的教学过程结构 ………………………… 115
一、运动教育论的思想内涵与课程模式 ……………………………… 115
二、运动教育论在我国的实施现状 …………………………………… 118
三、中层理论视域下运动教育论的梳理与补阙 ……………………… 119
四、结语 ………………………………………………………………… 124

第九章　终身体育论：模糊的锻炼机制与实践路径 ………………… 125
一、终身体育论的思想主张 …………………………………………… 125
二、终身体育论的实践困境 …………………………………………… 129

三、中层理论视域下终身体育论的梳理与补阙 …………………… 134
　　四、结语 ………………………………………………………………… 150

第十章　健康体育论：被放大的学校体育功能 ………………………… 151
　　一、健康体育论的主要观点与实践模式 ……………………………… 151
　　二、健康体育论的理论分歧与实践困境 ……………………………… 153
　　三、中层理论视域下健康体育论的梳理与补阙 ……………………… 158
　　四、结语 ………………………………………………………………… 163

第十一章　中层理论视域下学校体育理论体系的构建 ………………… 164
　　一、中层理论视域下学校体育理论的建设路径 ……………………… 164
　　二、中层理论视域下学校体育理论体系的整合构建 ………………… 169
　　三、结语 ………………………………………………………………… 176

参考文献 …………………………………………………………………… 177

第一章

绪 论

通过解析学校体育指导思想的"误读",学校体育实践的"乱象",以及学校体育理论体系的"空心化"现象,明确了学校体育研究的目的与意义,确定了学校体育研究的思路与方法,提出了学校体育研究的创新之处。

一、问题的提出

(一) 对学校体育指导思想的"误读"

中华人民共和国成立 70 余年间,我国学校体育经历了"外国学校体育理论的涌入与消化学习""本土学校体育理论的百花齐放与争鸣发展""学校体育实践的多样发展与优胜劣汰""学校体育研究的深入发展与特色初显"四个阶段,先后由国外引入和自主创立了十余种具有代表性的指导思想。每种指导思想都分别产生于不同的社会、文化背景,基于一定的学科理论基础,形成自身独特的观点、假设,也有明确的适用范围与操作程序。要消化吸收、创新运用各学校体育流派的理论与实践成果,切实服务于我国学校体育改革的具体实际,准确把握其"核心理念"是基本前提。但现实情况是,部分研究无论是对于"外来引入"还是"本土自创"的学校体育思想都存在"一知半解""断章取义"的问题。究其原因,如刘海元、周登嵩所言,我国学校体育虽然流派众多,却只注重提出处于最高层的指导思想,对于下位的支撑理论研究较少,没能形成系统的网络结构,广大学校体育工作者无法借助各流派的时代背景、基本规律与实现机制,准确领会其指导思想,在理解与贯彻的各环节才会出现"误读"与"偏差"[1]88。例如,快乐体育的本质是反对运动手段论,提倡运动目的论,注重让学生在运动参与过程中体验运动内含的乐趣,为终身体育奠定基础。但由于有关人的运动动机特征、运动项目乐趣分析、运动乐趣的产生机制等相应理论没有得到充分的揭示与传播,"快乐体育"在推行过程中出现了严重的"误读"现象,人们将其简单地理解为愉快的、欢声笑语的体育课,"怎么好玩怎么上,怎么愉快怎么上""一个哨两个球,学生教师乐悠悠"[2],放弃应有的课堂规范、教学要求与运动负荷,显然,"放羊式"体育教学过程中肤浅的"快乐"与快乐体育所倡导的"在运动中竞争和表现自我的愉悦感、提高运动技术和完成目标的成就感、获取知识和明白道理的满足感、与同伴和睦相处的融洽感"[3]完全背道而驰。

(二)学校体育实践领域的"乱象"

毛振明曾对造成学校体育实践"乱象"问题进行过深入剖析,明确指出在启动新一轮课程改革之初是否已完成相应的理论准备,是一个极其重要的影响因素。如我国学校体育第八次课程改革以"健康第一"为指导思想,以促进学生身体、心理和社会适应能力的"三维健康"为体育与健康课程的中心目标,二十余年间对学校体育课程的内容、过程、方法、评价、管理等方面进行了积极的实践改革,应该说也在一定程度上促进了对学生主体地位、微观课程设计、现代教学方法应用、评价方法多元等问题的思考与探索[4]61-69。但同时,由于关乎体育课程建设的目标制定、内容选编、方法设计、评价手段等几个最基本问题都缺乏深入的研究,没有形成成熟的、共识的支撑理论,体育课程改革被戏言为只是"空中的云彩",却没"登天的梯子",对于新课改"课程性质模糊、课程内容泛化、教学过程形式化、教学评价虚化"等问题的批判也从未停止[5]109-111。一些似是而非的"说法",如"新课改就是技术与健康之争""确立学生的主体地位,学生是上帝""一切以学生兴趣为出发点""会学比学会更重要"等甚嚣尘上,广大一线体育教师一时不知所从,只能依靠主观判断或既往经验开展教学改革试验,出现了大量诸如劳动技能充斥体育课堂、淡化运动技能掌握规格、片面强调"快乐"学习体验、缺乏深度的探究学习、虚张声势的合作学习等实践"乱象"。

(三)学校体育理论体系的"空心化"现象

学校体育作为一门应用性学科,其理论体系的主体应该是学校体育工作的基本规律、原理与方法。但从现行体育专业院系通用教材《学校体育学》的篇章结构与具体内容来看，其更为侧重学校体育的历史、思想、目标、原则与实施方法等几部分，关于如何在教育科学、体育科学、健康科学等基础学科之上，进一步阐释学校教育环境下健康促进、技能学习、习惯养成、能力培养等重要原理、规律、机制的内容却十分贫乏，学校体育宏观指导思想与具体实践方法之间缺少必要的衔接、过渡理论，影响了学校体育理论体系的结构完整性与逻辑自洽性，出现了严重的"空心化"现象。缺乏相关理论的支撑，体育教学过程、原则、方法的提出就变得或是"似是而非"，或是"主观随意"，或是"刻板空洞"。正如李林所言，由于学校体育中层理论的缺位，各种所谓的学校体育"观点""方法"不可避免地带有主观臆断、自说自话的成分[6]55。即使面对同一问题，不同版本的《学校体育学》教材的阐述也是相去甚远，如体育教学原则，有的教材照搬《教育学》相应内容，提出循序渐进原则、因材施教原则、直观教学原则等七条原则[7]161-166，有的则凭借个人理解，仅提出本体感受原则、尽可应承原则、洁净低尘原则三条原则[8]53-57。原则是对客观规律的主观反映，是行事的重要依据，如果学校体育理论在教学原则问题上都无法取得统一，让人们不由得质疑该学科的成熟度。同时，学习者面对不谈设计原理只讲操作程序的方法体系，往往"知其然不知其所以然"，制约其根据特定环境灵活、创新运用方法的能力。例如，诸多教材只介绍游戏教学法的操作程序与实施要点，不阐明体育教学目标、学生学习动机与游戏教学形式之间的关系，游戏教学沦为"为游戏而游戏"的外在形式而无实质内容，自然容易偏离教学目标。

由上述分析可知，无论是为贯彻落实学校体育思想提出加强对其下位支撑理论的研究，还是为深入推进新一轮课程改革强调必要的理论准备，抑或是为解决专业教材内容"空心化"问题呼吁补充阐述工作规律、作用机制的相关章节，都清晰表明学校体育理论体系的完整性及实践指导力亟待提升，而各专家学者提出转变学校体育理论的研究范式，加强宏观指导思想与具体实践方法之间的过渡性理论建设的"解题思路"值得我们进一步深入探讨。

20世纪40年代，美国社会学家默顿在《论理论社会学》中论述道："一方面，高度综合的宏观层面理论因远离特定的现象，对具体问题缺乏现实解释力；另一方面，微观层面的经验调查仅是对特定事件的详尽描述，缺乏整体概括性。""一个完整的理论体系应是由宏观思想内核、中观支撑理论、微观工作方法三个层面共同组成",并以当时社会学研究领域中的参考群体理论、社会流动理论、角色丛理论等为范例,较为系统地阐述了中层理论研究的概念、对象、意义、特征、方法等基本理论问题[9]76-79,标志着中层理论不仅特指某一学科的特定理论层次,同时也作为一种新的研究方法论被正式提出[10]。默顿的学术思想得到了社会学、管理学、教育学等相关学科学者的呼应,各学科的学者纷纷从自身发展的需要去认识中层理论的价值,在提升理论体系完整性与实践指导力的同时,以"类型问题""区域研究""适度超前"等新观点丰富了中层理论的思想内涵。

中层理论思想方法与学校体育研究者的"下位理论""支撑理论""过渡理论"都有很大的关联性,而通过文献收集、整理,研究者发现在国内外学校体育思想流派中,也存有部分契合"中层理论思想"的研究成果。例如,日本学校体育研究同志会的丹下保夫教授为实践运动文化论主张提出了"中间项"理论和"学习集团"理论;竹之下休藏教授为实践快乐体育(又称运动目的论)的新主张提出了"运动项目分类理论";美国"生活体育思想"下的"核心教材理论(Core Curriculum)";我国为实践"技术健身论"而提出的"掌握运动技能的两类型理论""运动技能分层次理论""类群运动技能习得规律"等。但由于目前尚未明确提出学校体育中层理论的概念、特征及研究的意义、方法,所以整体上对于学校体育中层理论研究的自觉性还很低,缺乏对于这类契合"中层理论思想"研究成果的剥离、提炼与验证,更缺乏对于各思想流派中缺失部分的明确与建设,不利于各思想流派学校体育理论在自洽性与实践力两方面的提升,也无法融合各流派中仍具"当下意义"的成果,构建出相对结构完整、逻辑严密、"观照现实"的学校体育理论体系。

二、研究目的与意义

首先,本研究将中层理论概念引入学校体育研究领域,以此加强人们对于学校体育中层理论研究价值的认识并为其提供方法论依据,为取得更为丰富的学校体育中层理论研究成果奠定必要基础,发挥学校体育中层理论依托宏观、驾驭微观,指导实践科学发展的重要价值。

其次，本研究全面回顾我国学校体育的发展历程，从中层理论的视角对具有影响力的学校体育理论进行重新梳理，具有厘清思想、甄别理论、规范方法的意义。

最后，本研究比较分析各流派学校体育理论的内在逻辑及现实意义，博采众长，所构建学校体育理论体系对当前学校体育事业发展具有参考、借鉴价值。

三、研究思路与方法

(一) 研究思路

总体来看，本研究的主要内容包括学校体育中层理论的提出、定位、剥离、甄别、缺失标示，在此基础上完成对各思想流派学校体育理论的层次划分、结构梳理，以及当下意义的分析与融合，并最终构建可供当前我国学校体育实践发展借鉴的理论体系。具体分为以下四个专题展开研究。

一是学校体育中层理论的方法论依据。借鉴相关学科中层理论思想方法，结合学校体育理论研究自身特征，界定学校体育中层理论的概念、特征，探讨研究的意义与方法。

二是各思想流派学校体育理论的结构梳理。全面回顾我国学校体育发展历程，对在期间具有一定影响力的学校体育思想，如体质健身论、真义体育论、技术健身论、运动文化论、运动教育论、快乐体育论、健康体育论、终身体育论等，以及其下位理论，进行大量收集、整理。同时，在进行层次区分的基础上，依"指导思想—中层理论—实践方法"的逻辑结构对各思想流派学校体育理论加以梳理，并明确其中缺失部分。

三是各思想流派学校体育理论的内容梳理。对不同程度存在于上述各思想流派学校体育理论中的学校体育思想误读、中层理论错误、实践方法盲目等问题，进行全面清理。

四是中层理论视域下学校体育理论体系的构建。依据当前学校体育存在的现实问题及主要矛盾，深入分析和预测现阶段我国学校体育发展所应具备和充实的思想、理论，融合各流派理论成果，构建出具有宏观、中观、微观三个层次结构的学校体育理论体系。

（二）研究方法

1. 文献资料法

查阅、收集、整理不同历史时期在我国具有影响力的学校体育思想、支撑理论、实践方法的文献记载。力争获取第一手资料，全面准确地回顾、还原历史。

2. 比较研究法

就不同流派学校体育思想产生与发展的历史背景、实践领域的影响、成熟程度、当前应用价值与途径、所构建理论体系的科学性等问题进行对比分析。

3. 逻辑分析法

通过"结构解析""特点归纳""有效因果"等研究，理顺不同流派、层面学校体育理论之间的逻辑关系。

四、创新之处

第一，视角方法创新。对于学校体育理论发展过程中存在的"理念误读"与"实践盲目"等问题，现有研究多从加强理念的科学性与表达方式，提升教学实践者运用理论的态度与能力等角度展开，本研究提出了中层理论的研究视角及方法论依据。

第二，理论体系创新。本研究对我国具有影响力的学校体育理论进行宏观、中观、微观层次划分，并以"指导思想—中层理论—实践方法"的结构对各思想流派学校体育理论进行重新整理，同时深度挖掘各流派理论的"当下意义"，构建出相对结构完整、"观照现实"的学校体育理论体系。

第三，实践应用创新。本研究通过对各思想流派学校体育理论的成熟度进行评估，呈现了学校体育科学化发展过程中亟待解决的关键问题，以丰富充实《学校体育学》专业教材内容，同时为学校体育改革规划部门与具体实践者提供理论参考。

第二章
中层理论研究概述

中层理论思想发端于哲学，形成于社会学，应用于政治学、管理学、教育学等学科。全面梳理中层理论的形成与发展历程，准确把握中层理论的思想内涵、定位功能、研究方法，反思其现实困境与历史经验以期为学校体育中层理论研究奠定必要的理论基础。

一、中层理论思想的形成与发展

（一）中层理论思想的孕育与形成

1. 早期哲学反思的孕育

一些早期思想家在他们的著作或言论中，就曾依据理论处理现实范围与方式上的差别，将理论区分为宏观、中观、微观三个层面，并着力强调中层理论在指导具体实践时的"先天优势"。例如，柏拉图在其著作《泰阿泰德》（*Theaetetus*）中就曾论述："具体的事物是无穷的、特殊的，高度概括的理论并不能给予明确的指导，一切科学中，区别高手和生手的关键就在于是否具有充分的中层命题。"培根更为强调科学中研究中层理论的重要性，认为"无论如何，对于世界的认识都不会是从具体事物一下子跃到具有高度概括性的原理，如人们称之为学科或事物的基本原理；我们希望科学研究能够一步接着一步顺利上升，从具体事物进展到低层原理，进而发展出中层原理，最后到达更为一般的原理。因为最低层的原理与纯经验几乎没有区别，而高度概括的原理往往又具有很强的抽象性，缺乏坚固的基石，因此只有中层理论才是真实可靠和富有生命力的,人们的实务和机遇都建立在这一层面的原理之上"[11]。这不仅可以看出培根对于以中层理论解释具体实践的偏爱,他甚至认为一般抽象的理论只有在中层理论高度发达的基础上才能产生。

虽然培根"一味醉心于归纳法,不给演绎法留一席之地"的中层原理推导方式的信念受到了约翰·史伯特·米尔(John Stuart Mill)和乔治·葛尼维尔·刘易斯(George Cornewell Lewis)的质疑,但是"因为最低层的概括都不过是经验法则不完善的具体再现,而高度概括法则太笼统,包含的实际事例太少,不能给予发生在个别情况中的事情以足够的指导,实际事例往往是无穷的。因此,培根赋予每门科学学科中中层法则的重要性是不容置疑的"。可见一些早期哲学家也确信中层理论对于具体实践的解释力。

2. 近代社会学困境的催生

回顾社会学的发展脉络可以发现,18世纪至19世纪初的社会学研究深受哲学学科影响,"任何哲学家要想提高品位就必须发展出自己的哲学体系,每个体系都标示出个人对普遍的自然、人性等问题的总体看法",也醉心于"建立一个明确的一般社会学思想框架,而不是去发展指导具体社会实践的专门理论"。在如此的学术氛围中,20世纪社会学很快成为昔日庞大的哲学体系的翻版,花样繁多、体系壮观,如功能分析学说、社会行为主义、索罗金的整合社会学和帕森斯的行动理论等,都是在那一时期发展起来的高度综合抽象的社会学理论。这种研究倾向导致理论过于空疏,对具体实践缺乏应有指导力的问题逐渐显现,但同时也催化了中层理论研究在社会学科领域的领先发展。一些社会学家经过反思后呼吁:"那些致力于综合理论的探索,并使学科理论高度抽象化的社会学理论家,其学问就如同低俗的装饰品,空洞无物且令人生厌。""社会学要有中途驿站,只注重发展综合社会学理论体系而忽视专门理论的支撑,社会学就只能停滞不前。"

中层理论思想在致力加强理论与实践关系的社会学家中间引起了广泛共鸣。里斯曼(David Riesman)坚持"要多研究中层理论问题,少谈论惊人突破性发展,少涉及原理研究、少发表宣言"。对于社会学中层理论的研究范围,柯威廉(Armand Cuvllier)认为"中层理论涉及微观和宏观社会学探索,既有小群体的实验研究,也有社会结构中特定方面的比较分析"。戴维斯

（Athur K. Davis）指出："中层理论强调与经验变量（Empirical Variables）保持必要的接触，实际分析要在有限的概念范围之内。""中层理论是建立在经验基础上的理论，包括一系列已被证实的假设，但也绝不是一些逻辑上并不相关，被生硬地编织在一起的描述性材料和经验概括。"

中层理论研究的实践取向，一方面来源于孔德和涂尔干的实证主义流派，反对形而上学、抛弃预设价值、主张不断进入现实世界、主张一切从经验中来；另一方面也继承了美国实用主义哲学传统，注重经验与理论的紧密结合。这种实践取向在社会学家身上体现为一种"实证型人格"——他们将研究工作视为一项通过理论建设不断逼近现实的事业，通过不断地修正脑海中对于社会的构想，逐渐提升社会科学对于实质性问题的回答效力[12]。

关于如何看待中层理论与综合理论、经验概括之间的关系，泽特伯格和马莱斯基对中层理论的逻辑结构做过详尽分析，他们超脱了两极化倾向，不再认为中层理论是一系列并不相连的专门理论，指出了专门理论相继综合成系列理论的过程。索罗金则在总结当代社会学研究时，特意把实地调查与中层概括区别开来，他认为实地调查只提供纯地方性的、暂时的信息资料，缺乏普遍的认识价值，而中层概念一致性使一堆杂乱费解的历史事件变得清晰易懂。没有这些概括我们就迷失于杂乱，无数事实就毫无意义，丝毫不能说明事实本身为什么存在和怎样存在。有几条主要准则做引导，我们就可以在没有地图的、混乱的黑暗中不断调整自己的前进方向，这就是有限的普遍准则和一致性的认识作用。"以往社会学统计调查的不足之处就是没有提供适用于任何时代、任何社会的总体一致性或中层一致性、因果律和基本准则，只有当研究能提供出适用于许多人、群体和文化的普遍一致性或至少中层一致性时，研究才有价值。"[9]84

3.《论理论社会学》的问世

20世纪40年代，美国社会学家默顿在《论理论社会学》中比较完整地论述道："一方面高度综合的宏观层面理论因远离特定的现象，对具体问题缺乏现实解释力；另一方面，微观层面的经验调查仅是对特定事件的详尽描述，缺乏整体概括性。""一个完整的理论体系应是由宏观思想内核、中观支撑理论、微观工作方法三个层面共同组成。""中层理论既非日常研究中大批涌现的微观而且必要的操作性假设，也不是一个包罗一切、用以解释所有我们可观察到的社会行为、社会组织和社会变迁的一致性的自称体系的统一理论，而是指介于这两者之间的理论。中层理论也具有抽象性，但它主要用于指导经验探索，非常接近各种命题中的观察资料，而这些命题是可以进行经验检验的。"此书以当时社会学研究领域中的参考群体理论、社会流动理论、角色丛理论等为范例，较为系统地阐述了中层理论研究的概念、对象、意义、特征、方法等基本理论问题，其中包括：①主要用于指导经验研究，且根据这一理论所得出的推论能够接受经验调查加以验证；②只涉及有限的社会现象，一般由几组逻辑上相关且已被证实的假设组成；③可以融入所谓的宏观理论体系中，成为支撑、解释宏观思想的重要组成部分；④能够区分开微观问题与宏观问题，划清二者界限；⑤只能为部分现象、问题提供解释，在某种意义上也就指明了未知的或需进一步研究的领域。这些都标志着中层理论不仅特指某一学科的特定理论层次，同时也作为一种新的研究方法论被正式提出[9]54-55。

默顿提出中层社会学理论研究的初衷，是对早期社会学过于追求创立高度综合的哲学体系的批判，它们往往要求建立一个明确的一般社会学思想框架，而不是在尚未完善的框架中建立指导具体社会学调查的专门理论。正如罗素（Russell）在讨论哲学时所指出的那样，"整体社会学总是试图一笔书成一个庞大的综合社会学理论，不屑于利用现有条件，一个一个地研究问题。""我们更应该把精力投入哪一种研究中去？是能被实践证实的中层理论研究，还是包罗一切的概念体系研究？我相信，只有待中层理论研究引起学者的高度注意并取得广泛成果，才有可能将专门理论整合成较为概括的概念和相互吻合的抽象命题，正如但尼生（Tennyson）的观点：体系出自专论，专论来于实证。"默顿由此坚信，社会学理论的重大发展离不开两个相互联系的关键阶段：①从能够接受实验调查的假设中发展具体理论；②发展一个逐步概括化的、能够综合具体理论群的概念体系[9]71。

（二）中层理论思想的应用与发展

每门学科都曾经出现过因理论研究远离具体现象，导致学科理论无法解释和指导实践的问题。同时，也存在大量将中层理论研究范式引入学科理论研究，提高理论实践能力的成功案例。分析不同学科研究在中层理论缺乏时的困境，引入中层理论后的突破，对于强化体育学科中层理论研究具有重要的启示意义。

1. 基于本土问题多样化的政治学研究

在政治学研究领域，由于现有宏观理论体系都是在极为有限的事实根据基础上建立的，当这种理论被用于更大范围的经验性研究时，其解释力就会减弱甚至丧失，常常会出现政治理论与特定政治变迁的经验研究二者无法衔接的窘境。自 20 世纪五六十年代，西方政治理论研究者就试图以统一分析框架与概念范畴为工具，以西方民主国家的发展经验为基础，建立具有普世性的、能够解释不同形态和程度的政治变迁现象的理论体系。然而，这种努力终因其理论基础仅是少数国家的经验性研究，导致理论的分析范式与测量指标带有很大的不完善性，发展中国家并没有从中找到适合自身的发展路径。

20 世纪 70 年代以来，一些发展中国家的比较政治学研究者意识到西方政治变迁的时机和循序阶段是不可以被复制的，开始对西方发展模式具有普适性的论点进行反思与批评，并转而基于本土发展的经验和教训，寻求真正适合国情的政治发展理论。这对西方政治发展模式的批判及替代理论的出现产生了积极的结果：其一，对许多西方政治学理论中包含的概念、定义、假设的适用范围进行审理，促使人们重新审视适合非西方文化制度传统国家的政治发展理论，使原本寻求单一政治发展模式的努力转向了基于本土化的多样性发展模式的探讨；其二，给处于发展困境的国家指明了发展的方向，即消除对于自身历史文化的自卑情结，重视传统制度中存在的合理性因素，以务实的态度面对本土现实问题，选择正确的发展战略[13]110-112。

基于西方政治理论基础，我国政治发展的战略研究先后形成了国家中心论、政党中心论、协商民主论等典型的理论模型，但由于这些模型的构建都在一定程度上忽略了制度遗产、社会条件、价值诉求等客观存在的外部影响因素，在当前价值分歧和路线多元的背景下，长期陷入纷繁的路线争议当中。陈家喜等学者由此提出基于中层理论的研究视角，应先行解决当前民主政治运行机制中的关键问题，如民主制度的过程研究、具体民主机制和民主程序的规范与优化，民主机制的运行缺失、影响变量与政策方向[14]。

2. 注重事实材料诠释的公共管理研究

在管理学研究领域，通常有这样三种研究取向：第一种是"六经注我"式的研究取向，即研究者有预设的观点，为了求证观点，需向经典文献中寻求理论支撑；第二种是"我注六经"式的研究取向，即以当前案例、事实材料注释经典理论的思想与观点；第三种是"考古发掘"式的研究取向，即对已有的管理理论梳理，重新排列组合出新"理论"。但在这三种研究取向中，或存在断章取义、牵强附会，或存在感性判断、缺乏深度，或存在罗列堆砌、简单考据等，缺乏真正具有创新、具有实践解释力的管理理论[15]88。

依托中层理论的思想方法，提升公共管理理论的完整性、一致性和解释力，包含以下主要途径：首先，提升行政改革经验研究的理论层次。各地在公共管理经验创新的基础上，进行理论反思与抽象，增强公共管理研究的应用型、适应性和指导性，将成果推广到更大的领域。其次，有效推动公共管理研究方法的转变。我国公共管理研究取向长期以来存在宏大理论阐释和就事论事个案分析的两极分化，由于中层理论是从经验发展而来，在理论建设的过程中，需要对事实材料进行"诠释"，以事实材料对思维进行约束，避免了思维过程的随意性，有利于公共管理研究者养成科学的研究习惯。最后，以批判精神吸收西方公共管理及其他学科理论。在中层理论研究层面，我国本土的经验材料可以被充分利用，对西方公共管理理论展开有理有据的批判，避免了只谈理论的"空口无凭"，究竟哪些引入理论是真正符合我国公共行政实践的问题被逐渐澄清，并在不断改造吸收的基础上，逐步构建起一个具有本土特色的公共管理理论体系[16]。

近年来，在新公共管理、新公共服务和治理理论的框架下，依托经济学、政治学、社会学等学科交叉诞生的新制度主义、交易成本、资源依赖、委托—代理理论，对非营利组织与政府的合作关系展开了一系列研究，从宏观层面探讨非营利组织兴起的价值、意义，产生了功能性分权、公民社会、公共领域、第三部门等相关理论，总体上对于界定政府与非营利组织的概念、关系，推动更富有成效的政府与非营利组织建设具有重要指导意义，但其在解释政府与非营利组织合作的具体实践时显得捉襟见肘。此外，政府在公共服务供给中与非营利组织合作的大量经验研究，虽然丰富了人们对于这一领域的实践认知,但尚未提炼出规律性的、可验证性的理论,为未来的研究提供分析工具。由此,呼吁加强公共服务合作供给的中层理论建设,其一,必须认识非营利组织没有跨历史或跨国家的意义,从不同民族、社会特定的背景认识其功能、起源、行为,强化概念的本土化意涵;其二,必须把非营利组织(NPO)与特定的行业、阶层属性结合起来,关注分析对象的特殊生态,才能创造有分析、预测能力的命题;其三,建立政府与非营利组织在公共服务中合作的激励机制与测量框架,很大程度上影响甚至决定合作的动力与成效[17]。

3. 缓解三类紧张关系的社会科学研究

社会学科的中层理论研究对于缓解三类紧张关系发挥了重要作用。第一,缓解理论研究与经验研究之间的紧张关系。从概念出发进行演绎的理论研究与从事实出发进行概括的实践研究二者之间存在彼此分离的倾向,而中层理论研究作为架通二者之间的桥梁,明显缓解了这种紧张关系。第二,缓解外来理论与"本土化"之间的紧张关系。将作为"元理论"的外来理论与中国的社会现实结合,进行理论的"本土化"改造,提高人们对引入理论的认可度。第三,缓解全域性知识与地方性知识之间的紧张关系。全域性知识对局部问题的关心及地方性知识超出自身问题的狭隘,在中层理论层面寻求平衡[18]。

我国学术界在实现理论研究"本土化"时,取得实质性突破,具有一定成就的,都是在中层理论研究层面。费孝通先生有关中国基层农村问题的研究,即是中层理论研究的一个成功范例。虽然他所依据的元理论仍是西方社会学及人类学理论,但立足于中国具体的乡土社会,坚持身体力行实地调查,并通过理论提升,完成了《乡土中国》《江村经济》等经典著作。《乡土中国》作为我国学术界早期的中层理论研究代表作,正是在对中国农村社区进行全景素描的基础上,建构了针对农村基层社区研究的独特理论框架,从而形成了真正属于中国农村社会研究的中层理论。对其学术贡献,我们至少可以从两方面进行把握,其一是通过对中国农村基层社会主要特点的描述,帮助人们对中国的基层农村形成较为系统地认识;其二是建构起一套相对完整的研究中国农村的概念体系与逻辑框架,既为后来的研究者指明了未来的研究方向与需要探求的内容,也为进一步建构宏观社会学理论奠定了基础[19]106-108。考虑当下社会学理论研究所面对的现实:一方面大量西方社会学元理论被引入;另一方面现实的实证性研究具有一定规模,选择以中层理论研究为突破口,实现社会学本土学派的建立正当其时。

4. 突出典型院校模式的高等教育研究

目前,我国高等教育研究取向呈现两极分化态势:一方面,出身于哲学、社会学等学科的高等教育研究者更加注重高等教育哲学理论的构建,却总是因感性经验的不足,陷入"空中楼阁"的尴尬;另一方面,接受过教育学专业训练的高等教育研究者太拘泥于事实与材料的收集,实证有余而理性分析不足[20]。高等教育研究者选择从某一学科或多学科视角分析问题、建构理论,但研究成果仅在研究者之间交流,实践者对于这些成果不太感兴趣,他们更热衷与其他实践者进行经验交流,认为那些学术理论离实践太遥远,难以保证准确性,研究者与实践者之间的距离就这样被越拉越大[21]44。

与此同时,我国教育理论的发展深受西方教育学的影响,以致不能立即在教育学元理论层面实现"本土化"研究。如果中国高等教育研究不能唤起强烈的"本土意识",仅满足于从国外引进"先进的"理论,我国高等教育研究将难以产生能够解决本土现实问题的原创性研究,会不可避免地被边缘化。

其实,高等教育研究既需要基于具体实践的实证分析,也要有立足于教育哲学的宏观分析,还要有打通二者"鸿沟"的中层理论研究,总体兼顾高等教育研究的层次定位。如潘懋元先生所言:"如果说美国的高等教育科研成果,有相当一部分只是罗列现象、数字、公式,缺乏理论概括,被讥讽为'不结果实的树';反观中国不少关于高等教育研究的文章,理论一大套,颇具声势,却是'不结果的花',树不结果,可以当木材使用;花不结果,恐怕只能成为过眼云烟。"[22] 默顿的中层理论思想,为我们指明了另一种可能的路径,即在西方教育学基础理论与中国教育教学的具体实践之间构建教育中层理论,以缓解"纯粹外来理论与本土教学实践之间的紧张"[23]。

宏观层面的高等教育研究通常是从整体上分析高等教育的目的、大学自治、学术自由等一些本质性的问题。宏观理论被用于解释不同院校存在的共性问题，但仅有宏观理论是不够的。由于每所高等院校的历史文化、地理区域、人员结构等方面都存在差异，各阶段面临的突出问题也是千差万别，简单套用宏观理论的框架分析不同院校的具体问题只能是"隔靴搔痒"[24]43。当前行业特色型院校面临战略选择与再次转型的历史时机，如果各院校过于倚重高等教育理论的"宏大叙事"，发展模式亦步亦趋，无特色、无个性，必将导致办学同质化。为避免陷入盲目"去行业化"或"综合化"的误区，揭示行业特色型院校的办学规律与本质特征，以中层理论视角对这一问题进行解构，将行业特色型院校作为一种"类"的中层概念展开分析，上连高等教育基本规律和国家高教大政方略，下接每所行业高校的特色与优势，依次解决好学校性质、学校使命、寻找基标、同质异构等主要问题，为行业特色型院校构建发展战略提供操作性思路[25]。相比之下，院校研究采用的自我研究、应用研究、问题导向等研究特性更能关注与解释现实问题，与中层理论倡导的"关注有限对象，研究经验事实"等理念更为契合。在此背景下，刘献君教授等人提出"院校研究"模式，尽管"院校研究"在我国还处于刚刚起步阶段，但其中层理论意蕴给中国高等教育研究注入了新的活力，对于促进我国高等教育研究的学科化、专业化、本土化发展有重要意义[26]。

（三）中层理论研究的理论分析

1. 中层理论研究的定位分析

理论一词来源于希腊语"Theoria"，该词的原初意义是作为团体的一员参与崇奉神明的祭祀活动[27]，即人们以出席现场的方式真正参与某一事件，后被解释为对行为的反思与探索。从理论一词的起源意义来看，它不应是理论者自身的清思玄构和主观冥想，而是对一种特殊存在现象的把握。进入现代社会以后，人们对于理论有了更深刻的认识，认为是人们对具体实践活动存在的现象、出现的问题进行观察与分析后提出假设，进而通过收集实践材料并进行处理后验证假设，最终形成理论。理论形成以后，一方面，发挥指导人们具体实践的功能；另一方面，理论自身在实践应用过程中不断得到完善与发展。因此，理论从萌芽、提出、验证、形成、应用、发展整个过程都与实践紧密地联系在一起，其实践特性显露无遗。但"理论来源于实践并指导实践"，并不是说所有理论都可以直接套用在具体实践之中。由于所反映实对象的范围与复杂程度不同，不同的理论与实践的关系也不一致，有的理论可能贴近于实践，有的理论可能超越实践，甚至和实践具有相当的距离。

理论具有"抽象性"，是对"某一类事物的共性的概括"，"某一类"涵盖事物的范围不同是导致理论层次区分的根本原因。构成理论的最基础单元概念，其本身有简单或复杂之分，分别用于表述不同层次的理论。不同的人群在使用理论一词时，所指的范畴往往不同，有的仅是一个被验证的假设，有的是一组有逻辑联系的观点，有的甚至是一种完整体系的学说。英国著名分析教育哲学家奥康纳曾指出，从理论这个词最严格的意义上看，一种理论乃是一个确立的假设，或者，更常见一些，乃是一组逻辑地联系着的假设，这种假设的主要功能在于解释它们的题材"，把理论的含义定位为"假说集合"[28]467。美国学者威廉·威尔斯曼认为："理论是一个判断或一系列判断，试图以系统的方式来解释一切现象。"[29]21-22我国《辞海》将理论解释为："概念与原理的体系，是系统化了的理性认识。""科学的理论是在社会实践中产生并经社会实践检验、证明了的理论。"[28]467可见，理论虽然都是被用于"预测或解释现象、题材"，而对于理论的范畴却是不确定的，可能是"单一的""简单的"，也可能是"一系列""复杂的""系统化的"假设或判断。相应，构成理论的最基础单元——概念，有一些简单而具体，也有一些复杂而抽象。概念本身的简单或复杂，决定了由其构成理论的抽象程度，以及理论与具体实践的距离，带有许多抽象概念的理论可适用更大范围的现象或问题。相反，最不抽象、最简单或者层次最低的概念所构成的理论只能指导局部范围的实践，我们通常也称其为"经验概括"。

中层理论的形成及其与宏观、微观理论之间的演化关系可通过图2-1直观表述。从下往上，在经验调查的基础上获得大量的经验材料，对于经验材料的整理即形成经验概括，此时若做理性腾跃，则可进一步形成理论假设，被验证的理论假设系统化后可形成中层理论，在中层理论大量积累的基础上可以建构出更为抽象层面的宏观理论。反之，若从上往下，则可由宏观理论演绎出中层理论，在同一宏观理论框架下演绎的中层理论之间存在类推的关系，由中层理论可以进一步推演出具体的理论假设，而理论假设在经验调查中得到验证。

由于认识对象的涵盖范围不同，认识主体观察分析事物的能力与深度也不同，理论往往表现出不同的抽象形态，一般而言，认识对象涵盖的范围越小，认识主体分析问题的能力越弱，则认识结果与实践之间分离的程度越低，理论抽象的程度越低。反之，如果认识对象涵盖的范围越大，认识主体分析问题的能力越强，则认识成果与实践之间分离的程度越高，理论抽象的程度也越高。如图 2-2 所示，如果将不同抽象层次的理论从具体到抽象排列在一条横轴上，则左侧的理论与实践的关系较右侧的更为紧密。从左至右看，理论逐渐与实践分离直至不再指向具体现象，只有提升后的一般规律；从右至左看，理论的概括抽象程度逐渐下降直至不再有假设观点，只是对事物的叙事或描述，在保证理论具有假设观点与完全脱离具体现象之间，存在一个理论的区间，那就是中层理论之所在。

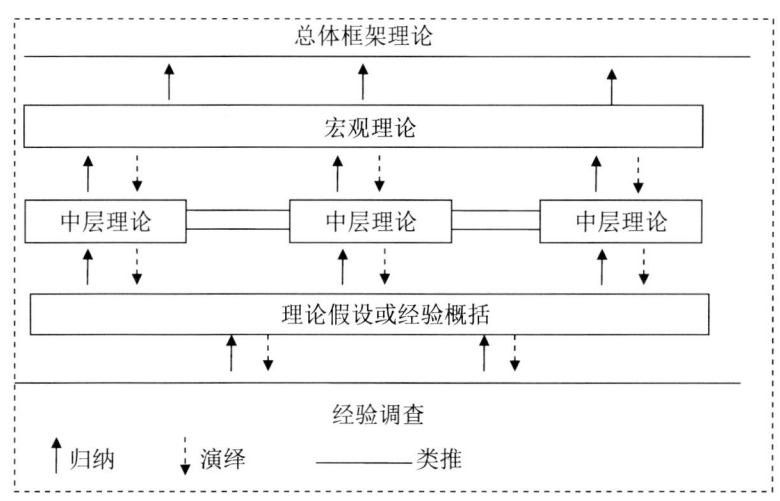

图 2-1　中层理论的形成及其与宏观、微观理论之间的演化关系

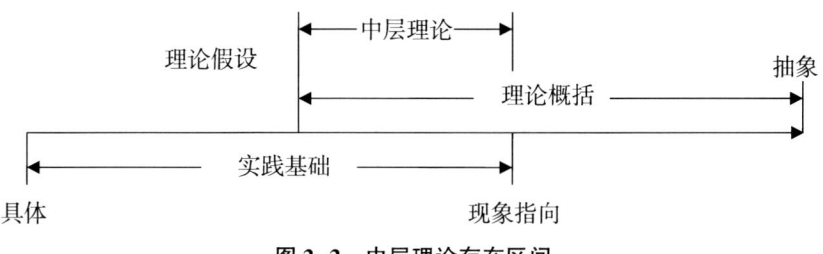

图 2-2　中层理论存在区间

不同层次理论的成果形式具有差别，宏观理论研究获得的是对于某一问

题的普遍法则，中层理论获得的是某一问题在特定领域的实施原则，微观理论获得的是某一问题细小环节的操作方法。其成果表述的形式与传播途径也不一样，如表 2-1 所示，宏观理论往往抽象，只能通过著作、专题讲座的形式加以传播；中层理论由于指向特定领域问题，较容易理解，所以可以通过论文、教材、授课等形式加以传播；微观理论由于与集体实践联系紧密，其实施与推广受周围环境的限制较大，往往通过经验交流、言传身教等形式加以传播。

表 2-1 中层理论定位分析

理论层次	研究对象	成果性质	研究主体	成果形式与媒介	应用性	研究方法
宏观理论	宽广领域的整体对象	某一类问题的普遍法则	少数学科基础理论水平较高的研究者	专业论文、专著	不直接指向应用，追求一般规律性	以演绎推理为主
中层理论	特定领域的一类对象	某一类问题在特定领域的实施规律	大部分专业理论研究者	专业论文、讲学授课、著作	既着眼一般规律探索，更着眼应用价值	演绎与归纳推理并重
微观理论	具体领域的细小环节	某一问题细小环节的操作方法	偏向基层实践者	经验总结、方法介绍、言传身教	追求实用、追求有效性	以经验概括为主

为更加准确定位中层理论与宏观理论之间的结构关系，学者纷纷从不同学科角度展开研究。丁凯引用了现代科学哲学的研究结论："一个理论体系的内部结构包括两个理论层面，一个是理论的内核部分，包括元方法论、基本概念、相应的背景知识（Initial Condition）等；另一个是处于外围层次的中层理论，它是面对一组特殊的经验和对象，通过概括提升后的预设、假设、观点、学说等。核心部分理论远离具体实践，不能被经验事实所检验和证伪；处于外围部分的中层理论，虽然也是经过概括和提升了的观点，但由于其指向特殊的经验和对象，因此能够接受经验材料的验证并指导实践。前者我们可以称为'元理论'，后者可以称为中层理论。"[30]

童潇就社会学理论体系的结构特征提出了自己的分析观点，认为理论是指"人们在对自然与社会进行认识的实践过程中形成的有系统的结论"。在社会学领域，按照"结论"规模的大小及适应性的强弱，可将"结论"分为宏观、中观、微观三个层面，其中中观层面的"结论"被美国社会学大师默顿称之为中层理论。其主要是对"某一特定研究领域的内容进行概括与抽象"，比较而言，宏观理论则是试图对所有有关社会行为、社会组织和社会变迁方式进行回答的宏大叙事系统；而微观理论只是在日常研究中被大量积累起来的研究假设[19]106-108。这一观点与彭贺等从管理学科出发得到的研究结论一致，认为"通常有三种基本的理论研究范式：第一种范式是追求大而全、试图解释各种事物发展演变规律的巨型理论，如中国传统的阴阳五行理论，就是一个典型的巨型理论；第二种范式主要运用实验研究、数据采集、统计分析等实证的方法，探索微型事物中相关变量间的因果关联；第三种范式是介于前两种范式之间的中层理论研究，如西方管理理论中的公平理论及认知失调理论等就属于这一类型"[15]86-87。

历史学家杨念群认为，中层理论研究范式的创始人——美国当代著名社会学家默顿，在其提出中层理论之初，"正是痛心于早期社会学研究过于热衷宏大叙事式社会学理论的构建，导致社会学理论大多存在过于空疏的毛病，对具体实践缺乏应有指导力。同时，也为摆脱以琐碎科学实证主义对社会学现象进行解释的影响，努力在二者及具体实践之间架通一座桥梁"[31]。

徐湘林等深感"宏观理论因追求普遍化、抽象化，往往产生理想化和空洞化的弊端，指导具体实践时缺乏针对性"。因此，要努力确立被宏观理论所忽略的研究领域与方向，取得一些可以解决"类型化"现实问题的理论，增强理论研究的应用性、适应性和指导性，"中层理论的核心是对经验变量的强调，是基于本学科实践的特质理论"[13]114。但同时也说明，中层理论并不否定宏观理论的观点与逻辑框架，而是在宏观理论研究的概念、假设下，以实证的方法寻求针对有限范围现实问题的解决途径与方案。

彭贺对社会科学与自然科学研究领域的主流研究方法进行比较后提出，宏大叙事式研究追求对不同事物具有普遍解释力的巨型理论构建，是人文学科学者最常有的研究取向，但巨型理论的构建从来都不是一蹴而就的，且与具体实践之间的距离较远，忽视了现实的特殊性与多样性，往往陷于"空洞无物"。相比较而言，自然科学领域的研究者则主要以经验研究的方法，以翔实的资料、大量的数据来说明细微事物中相关变量的因果关联，但缺陷是研究琐碎、零散，缺乏系统性，研究结论的适用范围过窄。比如，有人批评实验心理学流派虽竭力推进实证研究，但几十年来却并没有出现具有里程碑意义的科学发现。中层理论研究范式以某一小类有相似特征的管理现象（具有家族类似性的现象）为研究对象，随着中层理论的大量累积和不断提升，最终达成对整体事物的理解[29]21-22。

鉴于不同社会学理论对于现实解释能力的差异，毛丹认为中层理论应是逻辑上具有关联性并且与实验具备一致性的一组命题，应该区别所谓宏大叙事式的巨型理论，尽管巨型理论很受人欢迎，听起来每句话都对，但是没有实际作用，不能用于解释具体问题。不同于一些来源于直观感受的、简单的经验分析，经验概括虽然与事实连接紧密，有时甚至很难区分二者是否分离，但经验概括层面的社会学理论显得过于地方化或地域化，因此，应该在理论知识的普适度与对直接性、地方性问题的解释力之间寻求一个结合点，那就是中层理论[18]。苏永建对于中层理论与社会现实问题之间的关系打了一个形象的比方："中层理论上不着天（既非宏大的社会理论），下不着地（也非琐碎的经验总结）"，却成了架通二者之间的桥梁。如果把解决社会现实问题比作捕鱼，巨型理论就好比是遮风挡雨的帆布，用它捕鱼，捕到的恐怕不仅是鱼，还有海水、水草等无用的东西，而中层理论则像是一张网，它虽然有"漏洞"，但确是捕鱼的"最佳工具"[24]43。

综合不同学科研究结论，中层理论与宏观理论的结构关系可描述为：外围部分理论与内核部分理论的关系、中等规模理论与宏大规模理论的关系、本土理论与元理论的关系、普遍适用规律与特定范围抽象的关系。对不同层次理论的比较，帮助我们更为清晰地定位和更为准确地把握中层理论。

2. 中层理论研究的功能分析

中层理论在宏观思想与微观现象之间架起一座桥梁，使学科理论体系自上而下贯通，加强了理论对于现实的解释力。例如，仅凭借功能分析学说的基本假设和基本观点是无法有效解释各种社会现象的，还必须发展出一系列可连接具体社会现象的起过渡、支撑作用的专门理论，角色丛（Rolesets）理论就是其中之一。角色丛理论开始于社会结构中社会地位如何排列的设想,认为:"社会关系相互交叉,只要占有一定社会地位,就必然承担各种角色",进而推断,社会结构的存在,使人们面临着把角色丛内各角色连接起来的任务,即如何组织安排众多角色的功能性任务,使社会运行秩序化。角色丛理论通过解释人们多种社会角色形成、协调与运行的机制问题,向上可以帮助我们理解功能分析社会学说中的一般观点,向下可以建立角色行为规范,减少角色冲突,维护良好社会秩序[10]。

中层理论研究的另一主要功能则是提升学科理论体系的自洽性,减少不必要的"学术争论"。由于宏大的社会学理论往往远离微观实践,无法直接被实践证实或证伪,如此一来,不同阵营的社会学家容易受各自理论体系的"核心思想"支配而各自为政,面对其他阵营的学术思想,则是"以一种敌对的状态去观察其他阵营的研究成果,把对方一句偶然的话当作理论核心,把某一强调当作整个信念,认为对方的理论纯属谬误,最终导致不同阵营观点的两极分化"[9]。中层理论则不然,虽然同具抽象性,但由理论假设引出的一系列推论可以连接具体微观经验,通过检验这些具体经验便可证实最初的假设是否成立。如参考群体理论就源自一个简单的设想——"人们往往把重要相关人(Significant Others)的标准作为自我评估的基础"。根据这一设想,可以得出这样一个推断:在一场灾难中损失严重的家庭把他们的境遇与损失更为严重的家庭相比,他们所产生的剥夺感可能比损失轻微的家庭还要小。显然,这一推断是有悖于常识的,因为人们通常会认为在灾难中家庭所遭受的客观损失大小,直接决定了剥夺感的强弱。然而,经验探索证实了相对剥夺理论,即"相对幸运感是随着他人的客观损失逐渐增大而递增的"。正是参考群体理论的存在,才避免因理论假设与经验常识之间的冲突而引发持久的争论。因此,只要在各阵营的宏观理论之下发展出相应的中层理论,就可以辨明每个阵营的学术观点究竟是"真知灼见"还是"一孔之见",既能去伪存真,消除偏见,也能博采众长,融合发展。

3. 中层理论研究的方法分析

研究的对象与抽象程度的不同,决定了理论研究的主要视角方法不同,宏观理论指向宽广领域,却不指向具体对象,理论研究只能采用演绎的方法,而且通常是从方法论学科或其他相关学科视角来谈本领域问题；中层理论既具有抽象性，也指向具体对象，所以研究方法在演绎与归纳二者上都有采用，或者从宏观理论出发，结合本领域特征，向下逐步演绎，或者从具体对象的相关经验出发，寻找共性，向上逐步归纳，所以在研究视角上是多学科视角与本体学科视角共有；微观理论仅止于具体经验，研究方法主要是概括，研究视角也只能是从本体学科的角度出发。

童潇以孕育中层理论思想的社会学研究为例，其基本思路并非不需要在社会学领域建立起一个能够解释"社会行为、关系、组织、制度、变迁"一致性的大理论体系，但当前建构这种宏大理论的条件还不成熟，只有等到具体的、可接受经验验证的中层理论被大量发展起来，宏观理论才具备了构建的基础与前提[19]106-108。应该特别提到的是，我国著名社会学家费孝通先生在《乡土中国》（1947年）中表现出的中层理论研究策略，比默顿《论科学社会学》（1967年）中有关中层理论的阐述要早整整20年，这说明在默顿明确提出中层理论概念之前，费孝通先生已经清楚意识到了解释特定范围社会现象的中层理论的重要性。

既然社会学宏大理论体系构建只有在具备大量经验假设和坚实基础性理论的前提下才能完成，那么就应该对观察对象做多级的系统考察，实现功能与结构的精确化认知，进而提出当前社会学研究应该注重发展中层理论的论断。中层理论主要关注一些被宏大社会学理论所忽视的有限领域，从中可以推论出可被事实验证的假设，其抽象程度足以超越具体事件及其构造，大量中层理论日后将会被整合到更广泛的理论框架中去[32]。理论建构的基本程序大致可以总结为：对具体事实作经验概括，在此基础上提出理论假设，经过事实验证后形成中层理论，待中层理论充分发展以后，依照一定的逻辑框架，整合形成更为宏观的社会学理论[33]。

马兴帆认为，中层理论研究的重要意义就在于推进逻辑与经验的统一。通常而言，研究有两种路径：其一，通过对大量经验事实的归纳推理形成理论；其二，在现有理论的指导下提出假设并接受事实的检验，即以逻辑演绎的方式构建理论。但第一种方法往往局限于对经验材料的描述，缺乏具有抽象性的概念，不可能形成抽象层面的理论；第二种方法又可能囿于既有的理论框架，放弃具体事实无法完成对理论的修正。因此，构建中层理论的关键路径是追求逻辑与经验的统一方式，通过抽象概念的可操作化设计，形成可供事实检验的变量，最终形成理论[34]。

朱力教授等以现阶段我国社会矛盾的特征、趋势及应对研究为案例，充分展示了中层社会学理论建构的路径与方法。首先，建构刚性社会矛盾的概念。因为现阶段征地、拆迁、环境、干群、医患、城管、物业等涉及社会成员生存利益的社会冲突，其强度与烈度与其他一般性的社会矛盾具有本质差异，必须提出新的概念从总体上界定这一由普通的利益纠纷矛盾演变成特殊的利益群体对抗矛盾。其次，提出有说服力的理论分析框架。从矛盾产生的根源、发生机制与过程、冲突的强度与烈度等多维视角，分别提出了"现实性社会矛盾"和"非现实性社会矛盾"两种形态的分析框架。最后，基于扎实的经验调查资料，提炼出社会不满发生机制、信访制度风洞效应、社会矛盾预防论等中层理论，为全面解释和破解处于转型期的社会矛盾提供了根据针对性的理论支撑[35]。

汪仕凯认为，当前从事国家建设研究的学者普遍认为现代国家的基础主要是公共管理系统和组织，将国家与社会置于相对分离的位置上，形成了一个理想的认识现实政治世界的简约框架，但事实上国家与社会始终是彼此渗透的，现代国家的发展过程更是一个由国家不断渗透、控制与改造社会的过程，如何阐释这一过程成了现代国家治理理论中的薄弱环节。他进而从"政府领导为了达到高控制、高效率和高产出而始终倾向于最大化利用社会资源"的历史经验中，首先提出了政治社会的概念，以公民身份、阶级划分、政治联盟、政党组织、选区划分、代表分配等基本要素编织一张伴随现代国家建设进程发展形成的政治社会网络。此外，还提出政治社会的独特性质以及类型的多样性，在支配型、妥协型、封闭型、开放型等不同类型的转换之间，构成了我们深化理解现代国家形成、社会革命、国家自主性，以及民主转型等重大政治进程的学理基础[36]。

著名的美国高等教育研究者伯顿·克拉克一直推崇以案例研究的方法解决高等教育领域问题，阐释了高等教育领域中层理论构建的基本路径。其一，中层理论研究要具有问题意识，要指向研究领域的现实问题，是用心观察得来的"真现象、真问题"，不是主观臆想的。各学科的研究人员，既要从事基础理论研究，促进学科专业的发展，也要面向社会需要，解决实际问题，这都是研究人员的职责。实践表明，只有对问题充分调研，与实践工作者密切合作，才有可能发现真正有价值的研究课题。应用学科的研究人员应该走出象牙塔，改变闭门造车、清思玄构的"研究"模式，深入研究事物的发生发展机制，为实践内容与方法的构建提供理论依据，从而服务于社会发展的需要。其二，揭示案例研究与中层理论建构的紧密关系，构建概念框架揭示同类案例的共同特征。案例研究的方法通常被运用于与特定情境密不可分的研究对象，伯顿·克拉克甚至提出："一个突出的典型可以抵得上一千种模糊的理论。"从案例中抽象出概念与假设，再通过更多的案例研究不断修正与完善，这就是所谓的"案例—概念—案例的研究方法（Case-Concepts-Cases Approach）"[21]43。其三，融入更宏大的理论体系之中，因为一般学科理论是"更为广泛的公设"，为中层理论建设提供了"基点"。

二、中层理论视域下教学研究的困境与经验

（一）中层教学理论研究的对象分析

教学是人类实践活动的重要组成部分，在从事这一特殊实践活动过程中，会发展出针对教学领域的特定的一系列概念、假设、判断及命题，并通过严密的逻辑关系将它们组织起来，共同反映人们对教学实践活动的认识成果，由此形成教学理论。英国学者赫斯特将教学理论描述成一种实践性理论，是以心理学、社会学等学科理论为基础，以教学实践为对象，经过验证的教学活动准则，即"有关阐述和论证一系列教学实践活动的行动准则的理论"[37]，理论性与实践性是其最主要的特性。

在我国，不同学者所采取的研究视角与着眼点存在差异，对于教学理论的界定相应地区分为知识体系、认知体系、观念体系三大流派。如知识体系认为："教学理论是对教学活动系统化了的理论认识，是人们借助一系列概念、判断、推理表达出来的知识体系。"[38]认知体系认为："教学理论就是对教学实践活动进行理性思考的产物，是对教学现象及其矛盾运动能动反映所形成的具有层次性和复杂性的可以指导教学实践的认知体系。"[39]观念体系认为："教学理论是人们在思考教学中所形成的旨在探讨、解释和预测教学现象的观念体系，是人们对各种教学现象及隐藏其后的各种教学关系和矛盾运动

的自觉、系统的反映。""教学理论是研究主体对教学现象、教学关系及其矛盾运动进行理性思考，运用概念、判断、推理等逻辑形式所形成的观念体系。"[40]13综合而言，一个成熟的教学理论应该是既具有一定抽象性与自洽性，也具有层次性与实践性的理论体系。

著名教育学家王策三曾经分析，教学规律的涵盖范围不同，教学理论应该具有层次性，教学与其社会制度、经济等范畴事物的联系会提出新的教学指导思想。教学内部各要素之间的联系蕴含着教学活动的内在规律与实现机制，规范了教学实施的具体操作程序。不同层级的教学理论与教学实践的距离不同，表现出教学理论的抽象性、包容性与概括性具有差异。距离教学实践越远的理论越抽象，则涵盖的教学实践范围越广泛。但同时，由于这类理论的概括程度太高，对于具体实践的指导能力反而会减弱。依据教学活动与现象的结构与层次，以及对应教学理论抽象程度的不同，可以将教学理论区分为一个具有层级关系的结构体系[41]26-27。教学课例与案例同教学实践的距离最近，是从教学实践中直接提炼加工出来的，几乎与教学实践没有明显的分离；而教育基本理论与教学实践距离最远，是最具概括抽象性的宏观教学理论。课程与教学理论具有一般抽象性的特点，在教学理论层级结构体系中发挥着承上启下的作用，是教学理论向教学实践转化的关键环节。不同层级的教学理论对教学实践的影响与作用方式是不一样的，教育基本理论作用于教学实践的方式主要通过对一线教师的教学思想、理念、信仰及思维方式的影响来实现，是精神层面的"滋养"，而非物质层面的操作。但要成为一名优秀的教师，必须吸收内化教育基本理论，才能提高教学理性与基本素养，才能摆脱就课论课的窠臼，提升自身教学改革与创新的能力。相对而言，教材教法分析与教学案例对于实践的影响更为直接，是带有情境性与操作性的理论知识，是在对课堂教学提炼与反思的基础上形成的，对于课堂教学具有直接示范作用，是一线教师乐于学习的教学理论，因为对他们而言，"课怎么上"永远是最感兴趣的话题。

（二）中层教学理论研究的现实困境

从构建教育基本理论的不同渠道来看，教育理论研究主要走过了两条路：一条是从上往下看的路，另一条是从下往上看的路。前者的研究成果包括扈中平教授的《教育目的论》、傅维利教授的《教育功能论》，以及柳海民教授的《教育过程论》等；后者的研究成果包括马云鹏教授的《小学数学课程实施的个案研究》和陈向明教授的《王小刚为什么不上学了——一位辍学生的个案调查》。前者注重从哲学、心理学和社会学等基础学科汲取营养，以演绎的方法丰富教育的基本理论；后者则主要从对第一手资料的归纳中提高教育理论对实践的解释力度[42]，但二者对于教育实践的指导能力都遭到了批评，普遍认为前者建构的理论忽视了实践工作者的生活体验，不能直接解释和指导实践，存在合理性困境；后者则未明显体现出理论应有的抽象性与一定的适用范围，存在合法性困境。

在现代课程理论研究领域，注重运用因果分析的基本逻辑探寻课程本质和规律，追求确定性、同一性，否定人的意志和行动的自由性、自主性，试图构建一个能够用来解释全部课程现象和课程规律的宏大理论（Grand Theory）。这样的宏观理论认为复杂的课程实践是"即定秩序的无聊和烦躁"，经过"理性裁剪"后，也就不可能给学习者提供充分的、享有生活的体验，课程教学失去了生成与创造的空间。后现代课程研究则将课程放大为一种弥漫的社会和文化现象，课程目标必然反映某些社会全体的价值取向，是特定场域背景下教师与学生互动选择的结果，具有多元性和开放性。但后现代课程理论在解构现代课程理论"宏大叙事"（Grand Narratives），主张文化多元和个体差异的同时，也使课程教学染上了"文化记忆缺失症"，存在着将学生"禁锢在各自主体的囚笼里的危险"，而充斥于课堂中的所谓"参与"和"互动"，将课程肢解得支离破碎，丧失了整体意义[43]。

与教学理论的实践品格相对照，学者普遍认为我国教学论研究存在"走两极，轻中间"的错误取向。重"体系研究"便是其中一极，试图搭建一个阐释框架，用以解释存在的一切教学现象与问题。例如，有关教学本质、规律、原则等宏观抽象问题的研究历来是教学论研究的重点，且这类理论不易被证实或证伪，各派观点、学说难以统一。学者统计，自20世纪80年代，我国教学研究中关于教学本质的"说法"达13种。"体系研究"在努力帮助教学论实现学科独立的同时，造成了教学理论研究封闭、僵化的局面。无论是每章节的安排，还是具体内容的论述，都颇为相似，以至于随意打开任意一本教学论著作，常有"似曾相识"的感觉[44]。教学论"体系研究"的"成果"看似是跨越时空,"放之四海而皆准",实则对具体教学实践并无多少指导价值,教学论引导实践的功能正在逐渐萎缩。应知"体系出自专论",一个成熟教学体系的建立不应完全来自理论家的苦思冥想,而应有中途"驿站",需要从长期的教学实践过程中积累大量的经验材料,抽象出大量"专论",由此"步步为营",才能最终发展成为真正成熟的教学论学科体系。教学论研究的另一极是实用主义研究倾向,即否定教学理论的指导功能,代之以"操作主义"的方式与手段开展教学研究,以教学经验的交流替代教学理论的研究。

(三)中层教学理论研究的历史经验

综观近现代中外教学发展历史,可以清晰地发现,虽然中层理论的概念尚未在教育教学研究领域明确提出,但契合中层理论思想的研究思路与成果却是大量存在的。基于中层理论视角,对诸类成果进行梳理,既可以发现不同教学流派理论体系的整体架构,也能够从其实践性与指导力中反思中层教学理论研究的经验与价值。

1. 赞科夫——促进学生的一般发展

苏联著名教育家赞科夫针对原有课程与教学体系存在"偏重于知识和技能的教学与训练,学生发展效果很差"的问题,提出了"教学旨在促进学生的一般发展"的重要思想。"一般发展"包括了身体、智力、情感、意志、个性、道德品质和集体主义精神的发展,特指学生身体和心理的全面发展,是各门学科共同一致的发展目标,也是相对于"某一门学科或某一组学科产生的特殊性发展而言的"。"一般发展"与"知识技能的掌握"的发展过程不一致,存在"剪刀差"现象。由此,他提出了一系列的教学原则,其中包括以高难度进行教学的原则:把教学建立在一个较高水平的难度上,为紧张的智力工作持续提供丰富的情境的教学过程,以促进学生快速发展;以高速度进行教学的原则:在学生掌握现有学习内容的前提下,不断更新教学内容,快速推进,以广度求深度;理论知识起指导作用的原则:加强对理论知识的学习,尽可能在深刻理解语言、数学等概念、规律、原则的基础上发展读、写、算等技巧;使学生理解学习过程的原则:要使学生学会学习,不仅能记忆、理解知识本身,还知道知识学习的过程;使全体学生都得到发展的原则:特别主要发展待优生的智力和个性品质。随后，赞科夫打破了只传授知识、技能和技巧的教学模式，把知识教学同学生发展联系起来，制定了一套实验课程、大纲和教材，并且实验、总结了各科教学法[45]。

赞科夫的"促进学生的一般发展"的教学思想、"五项教学原则"，以及"实验教学体系"对苏联乃至世界范围内的教学都产生了一定的影响。同时，对赞科夫的教学思想与课程体系持否定评价态度的学者，主要集中认为赞科夫提出的并不是什么"新"体系，在解释教育和发展的规律方面进展并不大。"五项原则"都是个人的主观看法，并未深刻揭示课程教学与学生发展的内在规律；"实验教学论体系"只能算作在其教学思想指引下的经验探索。由于缺乏对课程教学与学生发展内在规律的充分依据，他甚至被一些学者批评"把自己的成就跟传统教学论与苏联其他研究成果对立起来"[46]。

2. 巴班斯基——教学过程最优化

"教学过程最优化"是苏联教育家巴班斯基所倡导的教学理论和方法。20世纪70年代，巴班斯基针对普遍存在的学习效果不佳、学生大量留级现象，提出要对学校教学过程进行整体优化，探索在特定教学条件下的合理方案，使学生获得最好的发展。"最优的"不是"理想化的"，而是"从一定的标准看是最好的"，是以可获得时间支出、物质消耗条件为前提的，争取做到既提高质量，又不增加负担。至于如何达到最优化，他提出"把教学看作一个完整的系统，从系统的整体、局部、环境之间的相互联系、相互作用之中分析、设计教学活动，以便达到最优处理问题"。

巴班斯基以唯物辩证法为指导，将现代科学的系统论思想引入教学领域，但这些理论都是一般方法论层面的宏观理论，对具体教学活动并不具有直接指导意义，关乎如何落实"教学过程最优化"的支撑理论建设相对薄弱，正是由于忽视了这一点，后人认为"教学过程最优化理论"整体上看还比较粗糙，有些部分，如在规律和原则问题上不但不辩证，反而有些机械。巴班斯基自己承认：教学过程最优化方法体系所讨论的具体问题并没有多少新内容，其中包括的每个方法都曾在某种程度上被教师采用过[47]。

3. 布鲁纳——结构课程论

美国教育心理学家、当代认知心理学的主要代表布鲁纳认为，知识学习的过程就是在学生头脑中形成由学科基本思想、概念和原理组成的一定的知识结构。知识结构由人的编码系统形成，可以通过不同的再现模式表现出来。简化资料、产生新命题和知识运用能力是一种知识结构的主要价值。

布鲁纳认为，一个人理解和掌握新知识的方式依赖于他对客观世界信息分类和联系的方式。新知识的获得是以已有相关知识和经验所构成的认知结构为基础的，这种认知过程是认知活动的概念化和类型化的过程，也是带有主动性、积极性的认知过程。

布鲁纳"结构课程论"的理论基础是"过程—结构论"和皮亚杰的"发生认识论"，即人的认识过程或智力活动，是一种主观图式连续不断的构造过程。儿童一生下来就有一个图式，与外界事物接触时，把客观事物纳入主观图式，这叫同化；同化不了时就调节原有图式，使之与外界取得平衡，这叫顺应。图式本身因而得到改造、丰富，形成一种新的图式，然后又去同化、顺应新的事物，这就是布鲁纳提出和重视学习学科结构，并认为它能帮助更好地学习新知识的道理。他因此认为"学科结构课程论"教学思想在早期教学阶段可以实施，虽然人的认识和发展都有一种图式、结构，但不是一成不变的，而是不断构造的，在不同年龄阶段上表现不同，布鲁纳称为"再现表象"。"再现表象"过程在不同阶段分别依托"动作""意向"和"符号"完成，因而构成"表演式再现""肖像式再现""象征式再现"三个主要阶段。布鲁纳提出，如果按照每个阶段"儿童观察事物的方式去表现那门学科的结构"，那么上述假设就能成立和实现。与此同时，布鲁纳还利用、改造过去心理学中的迁移理论，作为结构课程论思想的支柱之一[48]。

由此可见，布鲁纳为实施其"结构课程论"的教学思想，以心理学的相关理论为基础，努力建设落实"结构课程论"的支撑理论，并在此基础上提出了发现教学法。虽然布鲁纳被指责以心理学科理论引申、推导教学理论，也尽管"结构课程论"因为缺乏结构化教材、脱离教师、学生水平等教育基础和教育传统而导致美国20世纪60年代课程改革运动失败。但布鲁纳的教学论思想能够成为一次课程改革运动的指导理论不是偶然的[49]。他的《教育过程》一书，被誉为当时"最重要的和最有影响的教育著作之一"，与其比较系统的课程理论体系有着重要关系。

4. 巴格莱——要素主义教育理论

20世纪20年代,以美国教育家巴格莱为代表的"要素主义教育理论"批判进步主义教育过于强调学习者的兴趣、自由、需要、个人经验和学生主动性,忽视努力、纪律、长远目标、种族经验、逻辑联系和教师主导性,完全放弃了严格的学业成绩标准,导致教育质量的整体低下。要素主义者认为,经过历史检验的多数人的经验比个人经验、儿童经验更有意义,必须强调"种族经验"或"文化遗产"的重要性,在人类遗产中有着"知识、文化的基本核心",即共同的、不变的文化要素,其中既包括各种基本知识、技艺,也包括传统的"态度""理想"等,学校的主要任务就是要把这些文化的共同要素传授给青年一代[50]。

基于"要素主义"的教育理念,要素主义者强调学科中心和学习的系统性,严格按照逻辑系统编写教材,重视智力的陶冶,主张提高智力标准,将他们认为对学生心智训练具有特殊价值的一些科目,如拉丁语、代数和几何,作为中等学校的共同必修科目。但要素主义教育理论并没有完全解决"知识、文化核心要素的内在构成与存在形式""系统学习促进智力发展的内在机制"等关键理论问题,其教育思想与课程实践遭到了反对者的猛烈抨击,受到了如"片面注重书本知识、加重学习负担""智力发展达不到预期效果"等批判,至20世纪60年代末,要素主义教育在美国失去统治的地位。

5. 施耐德——合作学习理论

20世纪初,美国的合作教育思想创始人施耐德提倡在学生之间、学校与家庭之间建立一种亲密的合作关系,让儿童在合作中"愉快地学习",感受成功、进步和发展的快乐。合作学习的理论基础是由德国心理学家勒温提出的群体动力理论,也称为"场"理论,主要被用以研究合作学习中的目标结构和奖励方式。群体动力理论认为,群体成员之间不断变化的相互依赖性构建了动力群体,其中任何一个成员的状态都会带来其他成员状态的相应变化,而且成员之间具有张力的内在状态能够更好地激励群体共同努力达成预期目标。群体动力来自群体的规范、压力、凝聚性、士气及冲突等,使个体在群体环境中产生不同于独处环境下的行为。

勒温的弟子道奇在拓展群体理论的研究基础上提出了合作与竞争的理论。

这一理论认为，对团队中个体达到目标的奖励方式，会影响个体之间的相互作用关系，进而对个体的心理过程和行为方式产生影响。合作型的目标结构要求团体成员有着共同的目标，团队所有成员都能达到目标是个体实现目标的前提。因此，团体成员必定会选择既利于自己也利于团队的行为方式开展活动。合作型目标结构使团队成员间的交往更为频繁，每名成员都最大限度地被其他成员所接纳，在完成任务的过程中更加积极主动，成就水平提高得更快。在传统班级中地位较低的小组成员由于合作学习的成就使他们更有信心，从而愿意付出更多的努力参与学习并帮助同伴成功[51]。

基于群体动力理论，20世纪70年代美国的合作学习理论与实践（Cooperative Learning）得到了快速发展，至20世纪80年代中期发展成为取得实质性进展的教学理论与策略。由于合作学习在改善课堂学习气氛、提高学业成绩、促进良好非认知品质发展等方面的显著成效，其在世界各国受到了的普遍关注与实践传播，很快成为当代主流的教学理论与策略之一。我国自20世纪80年代末至90年代初开始出现合作学习的研究与实验，并取得了较好的效果。

总体来看，对当代教学理论与实践产生重大影响的，先后有苏联教育家赞科夫以解决教学与发展关系为目标所进行的小学教学体系的理论及实验研究，巴班斯基以系统论为指导的教学过程最优化的理论主张，美国的布鲁纳为加强中小学生能力的培养而提出的"结构课程论"和发现教学的方法，德国的瓦·根舍因和克拉夫基等人为解决教材庞杂而倡导的"范例教学"，还有基于桑代克"学习联结说"的程序教学思想，基于皮亚杰"认知结构说"的建构主义学习理论，基于加涅"信息加工理论"的认知主义学习论等[52]，从中可以明确感受到，现代教育理论体系的构建需要明确的教育思想、观点，坚实的支撑理论，以及个性化的实践方案。例如，赵昌木等学者对中美近百年来教学思想与方法体系进行梳理比较后认为，美国现代教学方法的突破主要是从著名教育家杜威时代开始的，而杜威的教学思想与方法体系正是建立在深厚的哲学、心理学和社会学基础上，并进行长期和大规模的实验后形成的。瑞士著名认知心理学家皮亚杰曾指出，新的教学理论与方法体系，绝不能是由某一位或某几位教育工作者用纯粹的推理，或从某一特殊的案例中演化出来的，如20世纪30年代至60年代，欧美的教育和教学的理论与方法层面没有任何实质的革新，其根本问题就是教学设计与实施的心理学基础不够扎实，未能为学生在教学活动中心理发展机制提供积极的解释。相反，20世纪50年代，斯金纳便从行为主义心理学的研究中找到了教学改革的突破口，提出了程序教学理论；布鲁纳以皮亚杰的认知心理学作为理论基础，提出了发现教学法，共同将美国的课程与教学理论与实践向前推进了一大步。因此，教育教学改革必须建立在众多相关学科，尤其要吸取心理学研究成果的基础上，这已成为美国教学方法的改革经验。比较而言，20世纪的中国教育教学改革进程缓慢，缺乏扎实的理论基础是非常重要的原因，模仿多、创新少，始终没有一个真正属于自己的、系统的理论体系。20世纪80年代改革开放以来，教育界解放了思想，人们以满腔热忱大胆探索，先后涌现出的"新方法"多达数十种，但仍深感理论基础之薄弱，经不住认真分析、仔细推敲[53]。

由此可见，只要是有中层理论支撑的教学思想，虽然在理论上还存在不足之处，在实践运用过程中也还存在适用范围及实施条件的限制，但这类教学思想与观点是有生命力和说服力的，实践方案是有可行性的，更容易接受和操作，也更容易将大家的注意力集中到如何进一步改进薄弱环节上，而不是对宏观理念、思想的无谓争论中。相反，缺乏中层理论支撑的教学思想，往往依据其倡导者的"一孔之见"或"主观臆断"，其实践方案只能看作带有很大盲目性的经验探索。

第三章 学校体育中层理论的概念界定及现状分析

对学校体育中层理论的核心概念进行界定，分析该层面理论研究的基本现状、衍生问题与内在原因，既是准确把握学校体育中层理论研究的逻辑起点，也是更加明确开展学校体育中层理论研究的现实需求。

一、学校体育中层理论的内涵与外延

(一) 学校体育中层理论的内涵

学校体育学是一门指导学校体育工作的应用性学科，加强学科理论体系与学校体育实践之间联系的重要意义不言而喻。将中层理论的思想与方法引入学校体育研究领域，通过界定学校体育中层理论的概念与内涵、梳理学校体育中层理论研究的现状与问题、加强学校体育中层理论的建设与应用，可以显著提升学校体育理论体系的完整性与实践指导力。

一个完整的学科理论体系应是包含"宏观思想—中层理论—实践方法"三个层次的网络结构。就学校体育理论体系而言，其宏观层面思想必定是对于学校体育活动的整体认识，对学校体育的根本方向与总体目标的规定。体育素来具有"多起源说"，即其内容产生于不同的文化现象，如规范集体行为表现的宗教礼仪活动、培养士兵战斗力的军事活动、创造劳动产品的日常生产活动、发展基本活动能力的身体锻炼活动、修身养性的养生与保健活动等，体育因此兼有这些母体文化各自的特征，体现出多样性功能。但在不同的时代与社会背景下，对于体育的多样性功能并非"一视同仁"，而是有所侧重，如在富国强兵的军国主义时期，最为重视体育提高爱国精神和士气的功能；

在国家重建亟须合格劳动者时期，最为重视体育增强体力的功能；在后工业时期，最为重视体育愉悦身心的功能等，不同时期、群体对于体育功能的不同选择赋予了体育丰富的价值观，如体质教育观、技能教育观、全面教育观、终身体育观、快乐体育观等。

学校体育作为人们体育生活的组成部分和体育学习的重要阶段，其价值观必定受体育观的影响，由此产生了多种多样的学校体育思想。比如，在不同地域、时代和社会背景下，先后出现于学校体育领域的体质教育、技能教育、全面教育、快乐体育、终身体育、健康第一等多种流派所提出的主旨思想与行动口号，就应该视作学校体育的宏观层面理论，如体质教育论思想主张的"体育应是锻炼身体增强体质的教育"[54]163-165；技能教育论提出的"加强基本知识、基本技术、基本技能的三基教学"[55]；快乐体育论提倡的"把运动学习本身作为重要目的，让学生充分体验运动的乐趣"[56]45-48；终身体育提出的"重点培养学生的锻炼意识与锻炼能力，为终身体育奠定基础"[57]55-57等，都是学校体育理论体系的宏观指导思想，对学校体育领域的理论创新与实践探索发挥着重要的引领作用。

相应地，学校体育的实践方法层面则由具体的课程内容选编方法、教学方法与评价方法等构成，如"运动素材教材化""教材螺旋式排列""基于身体素质发展需要的循环练习""基于开放式运动技能学习的领会教学""基于运动乐趣体验的游戏教学"等，都是最为基础的微观层面理论，关系到各学校体育流派思想"落地"的最终环节。但学校体育实践方法并不能直接产生于上位的指导思想，因为学校体育流派思想虽然丰富，却主要是指向学校体育目的，具有较高的抽象性，学校体育方法体系与学校体育指导思想之间的有效联系还需要一系列"过渡理论"，即学校体育中层理论的支撑。学校体育中层理论是对学校体育思想实现机制的揭示，是指导教材内容与方法体系构建，能被学校体育实践所检验，处于特定层面的过渡理论。为准确把握学校体育中层理论的内涵，下面以运动文化论的提出、发展与实践过程为例做详细分析。

运动文化论思想诞生于 20 世纪 60 年代的日本学校体育。随着当时日本经济进入高速增长时期，学校教育出现了"能力主义""中央集权"和"差别教育"的倾向，战后初期所提的如"民主态度""尊重他人权力"等教育目标逐渐淡出，新的《学习指导要领》中更加强调运动技术的客观结构、学校体育的"国家主义"和竞技主义。在这种情形下，日本学校体育同志研究会的丹下保夫教授对"体育的价值"这一根本问题展开探索并提出"运动文化论"的主张。"运动文化论"认为将运动单纯作为培养社会对人才需要的工具手段，推行一种"责任承包"式的体育是错误的。体育的目的在于让每个国民体验运动文化的价值。运动文化是历史和社会的产物并随之不断变化、发展，丰富着人类的生活。运动文化的乐趣可以为任何人所享受，现存的运动形式不是一成不变的，让学生们理解、掌握运动文化，正确地从事运动才是最重要的。所以，从根本上讲，运动文化论在反对单纯技术主义、体力主义，反对"责任承包式"体育，培养运动文化"主权者"的斗争中形成了一套独特的体育论[58]155-158。

为了实现"以运动文化的继承和创造为目的"的新体育构想，丹下保夫教授和学校体育研究同志会的同人进行了不懈的努力。首先，为避免竞技主义式的体育教学，构建普通学生能够平等参与的运动技术内容体系，提出了"中间项"理论假说。"中间项"理论指处于基础练习和正规比赛形式的过渡部分，也可理解为既有的运动文化和孩子学习实际的中间部分。"中间项"抓住了运动项目中的关键环节，找到了运动文化内涵和孩子学习能力的连点。在"中间项"理论的指导下，人们开始研究并提出"排球中最能体现技术和最能体验乐趣的中间项是球的往返（Rally）""篮球的中间项是投球（Shoot）""器械体操的乐趣是紧张感和刺激性（Thrill）"等，并根据这些假说创造出"橄榄球式篮球""手球式足球"和独特的体操套路等实践，最终形成了运动文化论独特的体育内容论和教材论。其次，运动文化论提出了以学习集团论为代表的教学方法理论。掌握运动文化的内涵需要青少年积极"理解""思考"及"创造"，构建具有主体性的、探究性的运动技术学习过程。丹下保夫教授认为，学习集团的建立对于发展主体性学习具有重要意义，并经研究发现异质集团机制和深化技术学习二者间的辩证关系，提出同伴在集团中是"映出自己的镜子"。在一项运动技术学习中，比自己好的同伴展示的是自己未来追求的目标，比自己差的同伴则展示了自己过去存在的问题，这一假说的提出让人们认识到集团在体育学习中不仅可以促进同伴关系，还可以培养社会人格或促进学生伙伴关系，因此运动技术学习和集团学习是必然并存的。

依上分析可知，运动文化论的思想主张是宏观层面理论，"中间项"及"学习集团"假说是中层理论，在其指导下发展的体育教学内容体系与方法体系则是微观理论。所以概括来说，学校体育中层理论是指对某一学校体育思想实现机制的揭示，是指导教材内容与方法体系构建并能被学校体育实践所检验的特定层面理论。

（二）学校体育中层理论的外延

学校体育思想的多样性决定了学校体育中层理论外延的丰富性（表3-1）。例如，体质教育论批判"按竞技方式办体育，在体育中搞竞技"，提出"体育应是锻炼身体增强体质的教育"，认为"体质变化势态控制的知识"[54]163-165，是中心环节，是设计各种强身健体的措施、方法的理论依据，因此"体质变化势态控制的知识"便是处于体质教育思想与健身处方之间的中层理论。运动技术教育思想是在凯洛夫教育理论影响下形成的一种学校体育学说，注重"基本知识、基本技术、基本技能"的"三基教学"。对各项运动技能特征分析及青少年认知规律的充分认识是进行教学内容、过程与方法设计的理论基础，因此青少年运动技能习得规律是运动技能教育思想与实践方法之间的中层理论[59]。快乐体育论提倡把运动学习本身作为重要的目的，使学生认识并热爱运动。为了贯彻快乐体育思想，重新认识体育的起源——游戏的本质与人参与体育动机之间的关系至关重要，因此人的运动动机与游戏本质的内在关系是快乐体育思想与"运动乐趣型"教材、方法体系之间的中层理论[56]45-48。终身体育思想提出"学校体育应培养学生的终身体育基础"，立足于将学校体育的近期效应和长远效应相结合，探讨在满足学生当前体育学习需要与发展基础体力的同时，注重体育锻炼习惯的养成与体育实践能力的培养，因此体育锻炼习惯养成与体育实践能力培养的规律与机制是终身体育思想与其实践内容、方法体系之间的中层理论。"健康第一"指导思想突出学校体育在促进学生身心全面健康发展过程中不可替代的地位与价值，对学校体育促进健康的核心任务与作用机制进行深入探讨，是构建完整的课程目标体系与有效的课程内容、方法体系的必经途径，因此学校体育促进健康的核心任务与作用机制是贯彻"健康第一"指导思想的中层理论。

表 3-1　"学校体育中层理论"的外延

宏观层面理论	中层理论	微观方法
体质教育思想	体质变化势态控制的知识	循环训练法……
运动技术教育思想	青少年运动技能习得规律	领会教学法……
运动文化思想	运动文化的继承和创造规律	小集团教学法……
快乐体育思想	人的运动动机与游戏本质的内在关系	情景教学法……
运动教育思想	以运动项目学习与竞赛促进社会适应能力发展规律	运动竞赛教学法……
终身体育思想	体育锻炼习惯养成与体育实践能力培养的规律与机制	运动教育模式……
"健康第一"指导思想	体育促进健康的核心任务与作用机制	心理拓展训练……
……	……	……

一个完整的学校体育理论体系应是包含"指导思想—中层理论—实践方法"三个层次的网络结构，其中指导思想层面理论的主体应是各时期、各流派提出的学校体育思想，如"体质教育思想""运动文化思想"等；中层理论的主体是践行某一学校体育思想的支撑理论，如"开放式运动技能学习理论""体育学习动机理论"等；实践方法层面的主体内容则极为丰富，如领会教学法、情景教学法等。各流派学校体育思想产生于不同的历史背景，有其特定内涵与适用范围，却因中层理论的缺乏与错误，存在大量对于宏观指导思想误读与微观实践方法盲目的现象。从中层理论的视角对具有影响力的学校体育理论进行重新梳理，既能厘清思想、甄别理论、规范方法，也能实现各流派之间的融合，博采众长，构建具有"当下意义""观照现实"的学校体育理论体系，为当前我国正迈入科学理性发展时期的学校体育事业提供理论参考。

二、学校体育中层理论的研究现状

（一）对系统论视角下学校体育理论的反思

长期以来，学校体育通常被看作一项系统工程，需要从要素、结构与功能的角度对其展开全面分析。研究者普遍认为学校体育的组织与发展遵循系统论的观点与规律，无论学校体育活动如何纷繁复杂、学校体育理论如何演进变换，但其丰富的表层现象与理论形式的背后，都是由系统论观点紧密联系的三个基本问题发挥着决定性的作用，各个版本的学校体育教材也主要是阐述学校体育系统由哪些要素构成、要素之间如何连接并相互作用、系统如何表现出整体与局部的功能[60]。因此，准确把握学校体育系统的要素、结构与功能问题是理解学校体育现象，从事学校体育研究的根本出发点。对具体要素与结构方式的分析如下[61]10-13。

1. 学校体育系统的要素构成

（1）学校体育环境要素

人类的一切社会活动都是在特定的时间与空间里，伴随着物质与信息的交换而进行的。学校体育作为人类教育活动的有机组成部分，不能脱离其具体背景——教学环境而孤立存在。学校体育环境具有层次性，上到在一定社会经济条件下人们的体育意识、体育行为方式，以及对学校体育可提供的物质与精神条件；下到一所学校、一个班级的学校体育设施、体育学习氛围等。学校体育环境要素对学校体育系统内其他要素的影响无处不在。因此，学校体育环境要素解释了学校体育活动"在何处进行"的问题。

（2）学校体育系统静态结构要素分析

学校体育活动最主要的外显特征是学生在教师的引导下学习体育知识、技能的过程。所以，学生、教师、教学内容通常被认为是学校体育系统中的静态结构要素。学生是教学的主体，学生的发展是学校体育的最终目的；教师是教学的主导，设计、监控、调整学校体育活动过程；教学内容是体育知识、技能的载体，其中蕴含了学校体育活动的任务与要求。因此，学校体育系统静态结构要素解释了学校体育活动"谁来进行"的问题。

（3）学校体育系统运行要素分析

整体性是系统的一大特征，它要求系统的整体功能不是单个静态结构要素功能的简单总和，而是通过它们之间的相互连接与相互作用，表现出不同于孤立要素所具有的新功能。在学校体育系统中，把决定静态结构要素相互连接与作用方式的要素称为运行要素。首先，学校体育活动作为教育的有机组成部分，必须承担相应的为教育目的实现服务的任务，这是学校体育活动存在的意义，由此产生了学校体育目标，使学校体育活动有了明确的目的性与指向性。其次，为了实现学校体育目标，教师引导学生学习教学内容时总是寻求最适当的教学方法，以保证学校体育活动的效果与效率。最后，学校体育目标通过学校体育活动实现与达到的程度需要，进行学校体育评价。评价的结果既为修正学校体育目标，也为调控学校体育活动提供依据。因此，学校体育系统运行要素解释了学校体育活动"怎样进行"的问题。

2. 学校体育系统论的基本观点

（1）学校体育系统要素连接方式分析

学校体育系统要素的连接方式如图3-1所示，包括学校体育环境将学校体育活动限定在特定的时间与空间领域内进行；学校体育活动的中心工作是教师，采取一定的教学方法引导学生学习学校体育内容；具体的学校体育活动受学校体育目标的引领；学校体育活动的效果与学校体育目标之间的比较通过学校体育评价来完成。

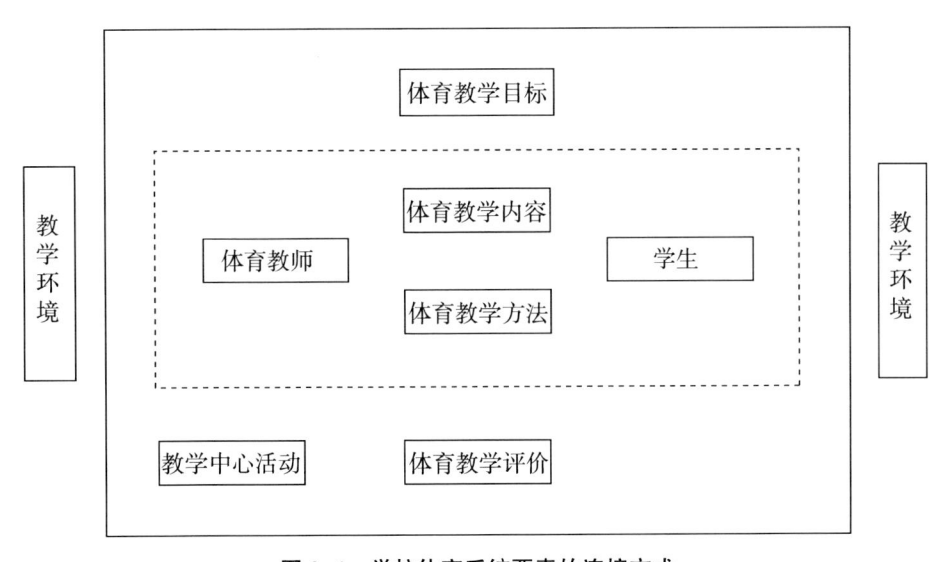

图3-1 学校体育系统要素的连接方式

（2）学校体育系统要素作用方式分析

依据学校体育系统要素连接方式图，对学校体育系统内各要素间的相互作用方式做如下分析[62]35-36。

①学校体育环境是学校体育活动的背景，是其他教学要素定位与发展的客观基础。各教学要素与学校体育环境要素的匹配程度从根本上决定了学校体育活动的效果与效率，这是学校体育"校本化"研究的意义所在。好的学校体育环境可以成为隐性的体育课程资源，同时，学校体育活动本身所创造的部分物质与文化成果可能转化为学校体育环境，反作用于学校体育环境。

②学校体育目标与学校体育内容、学校体育评价要素相连接。学校体育目标对学校体育活动的导向性主要体现在学校体育内容的选择上。学校体育目标自身的确立与发展在受教育总体目标影响的同时，还要根据学校体育评价的反馈做出积极调整，以更好地达成学校体育目标。

③学校体育内容处在学校体育目标、学生、体育教师要素连接的交汇处，是学生和体育教师在进行双边活动时为完成学校体育目标所选择的体育知识与技能体系。因此，学校体育目标的要求、学生的学习能力、体育教师的教学水平共同决定着学校体育内容的选择范围。

④学校体育方法处在学生、学校体育内容、体育教师要素的交汇处，是将学校体育系统中静态结构的三要素进行连接的根本途径，是帮助学生掌握体育知识、技能时师生的行为选择。因此，必须根据学生的学习特点、体育教师的教学特点，以及教学内容所包含的知识、技能特点来选择合适的学校体育方法。

⑤体育教师要素以学校体育内容为载体，通过教学方法与学生要素进行双向连接，发挥学校体育中的主导作用。因此，体育教师的核心教学能力可以理解为以下三个方面：一是"懂内容"，熟练掌握学校体育内容中包含的体育知识与技能；二是"懂学生"，准确把握学生现有体育知识技能水平，以及学习相关知识技能的过程与规律；三是"懂方法"，根据学生与知识技能的特点，正确选择与运用学校体育方法。

⑥学生要素在体育教师的引导下，通过学习方法掌握教学内容所包含的体育知识与技能，体现在学校体育活动中的主体地位。因此，学生的体育学

习应注意三方面的问题：一是尽可能结合自身身体特征选择体育项目进行学习；二是尽可能结合自身学习特点选择某种教学风格，在教师引导下学习；三是不要被动地接受式学习，要选取合适的学习方法主动进行创造性学习。

⑦学校体育评价要素与学校体育目标，以及学校体育中心活动相连接，反映的是学校体育目标在学校体育活动中的实现程度，即学校体育效果与学校体育目标之间的比较。合理的学校体育目标是有效进行学校体育评价的前提，学校体育目标应同时具有结果性与发展性，学校体育评价应包含终结性评价与过程性评价。因此，学校体育评价是学校体育活动效果不断逼近于学校体育目标并最终实现学校体育目标的重要途径[63]。

3. 学校体育系统论的局限性

对学校体育系统要素与结构的分析研究，使我们对学校体育系统要素的构成、连接及其相互间作用的方式有了清晰的认识，意识到要提高学校体育质量与效率，既要从改善教学要素入手，更要从优化系统结构，调整作用方式出发，才能收到事半功倍的效果[64]。但问题是，现行的主流学校体育教材，一直停留在对上述要求与基本结构方式的系统性阐述，忽视了在不同时期、不同社会需求、不同教育背景下，先后涌现出的各学校体育思想流派中各要素与结构的具体形式，致使系统性分析逐渐流于形式，不仅理论体系缺乏严密的逻辑性，在学校体育的具体实践中也缺乏应有的现实指导力。

（二）各流派理论体系存有缺失

加强学校体育中层理论建设，可以提升学校体育理论体系的完整性、自洽性与实践指导力，有利于准确把握各流派学校体育思想产生的历史背景、特定内涵、实现机制与实施办法，避免出现宏观指导思想误读，以及微观实践方法盲目的现象，达到厘清思想、甄别理论、规范方法、强化实践的目的。鉴于此，各学校体育流派理应重视自身中层理论的建设。但从学校体育理论与实践发展的历史与现状来看，中层理论恰恰是学校体育理论体系中最为薄弱的环节，如上述研究结论表明，体质教育流派尚未从保障学生"主动运动时间"与"长远健身效应"的角度，全面揭示体育锻炼促进体质健康发展的生理学、心理学机制，学生参与体育锻炼存在明显的被动性、应试性、短期性特征；运动技能流派尚未从构建一体化的运动技能教学内容与方法体系的角度，深入探讨不同学段基础运动能力与运动项目技能学习、发展、递进的规律，运动技能学习"蜻蜓点水、低级重复"的现象大量存在；快乐体育流派尚未从学生"体验参与运动的快乐与成功"的角度，充分阐释各运动项目中游戏要素的提取与呈现规律，体育课堂走入"放羊式"教学的误区；终身体育尚未从培养学生参与体育运动的习惯与能力的角度，完整构建学生体育健身、技能学习、休闲娱乐等能力的形成机制，使得学校体育目标有"鱼"而无"渔"，终身体育还原成了阶段体育等，这些都是目前学校体育中层理论研究缺失的具体表现。

（三）研究成果层次分布不均衡

基于中层理论的视角与方法，本研究对新一轮学校体育与健康课程改革以来发表在体育类中文核心期刊和《中国学校体育》杂志上的文章进行了分析，以求更加全面直观地把握我国学校体育在宏观、中观、微观问题研究上的不同取向。在中国知网输入"主题：学校体育"+"来源类别：核心期刊"的检索条件，共检索到6881篇文章，数目之巨，说明学校体育问题始终是体育研究的热点领域，学校体育研究者思维非常活跃，研究成果得到了各学术期刊的关注与采用。但在总体成果丰硕的同时，宏观、中观、微观不同层面研究取向的分布却极不均衡。

首先，学校体育研究的旨趣明显偏向于从更为宏观的层面对学校体育活动做整体阐释，如对于学校体育的思想研究包括《新中国学校体育思想研究综述》《道德哲学与精神哲学：中国学校体育教育思想的历史考察与演变范式》等；学校体育的价值研究包括《学校体育现代化价值取向及其实现路径研究》《"立德树人"背景下学校体育的育人价值》《对近代我国学校体育课程价值取向的审视》《学校体育价值的理性审视》等；学校体育的历史研究包括《新中国70年学校体育发展演变与历史经验》《我国学校体育教学改革三十年历史回顾》《中国学校体育的历史反思与展望》等；学校体育的发展研究包括《以全国教育大会精神推进新时代学校体育的改革与发展》《改革开放40年学校体育发展的回顾与新时代改革发展的新定位和新视角》《"体医融合"下我国学校体育的发展》；中外学校体育的比较研究包括《全球学校体育对比及启示》《欧洲与中国学校体育的对比及启示》等。以上研究仅就学校体育的本质、目的、价值、功能、走向等进行了抽象分析，忽视其实现机制与具体方案的研究占较大比例，在研究方法上多是借助文化学、伦理学、哲学、管理学等跨学科理论基础进行理性思辨，如《学校体育改革的文化逻辑》《论学校体育伦理品性的失衡与复归》《我国学校体育中的当代伦理问题及其消解路向》《身体哲学视域下学校体育的价值审视及路径选择》《进步主义教育运动对美国学校体育的影响》《影响我国近代学校体育发展的几种社会思潮》《学校体育改革的文化逻辑》《我国学校体育供给侧结构性改革研究》《从"工具主义"到"人文关怀"：学校体育教学的范式转变》等。

其次，是局部的微观问题研究，甚至可以说是学校体育工作经验总结，如《重污染天气学校户外体育活动"叫停"分析——基于文本与个案》《体育中考制度改革对学校体育的影响考量——以"青岛模式"为例》《国家级体育传统项目学校现状调查与发展对策研究》《四川新辰体育艺术学校成功经营方式研究》《中学学校体育政策执行现状实证研究——以上海市20所中学为例》《近代上海教会学校女子体育教育发展历程、特色及其影响》《南京市秦淮区小学大课间体育调研》等，均是对于学校体育某一具体问题的经验探索，并未融入某一学校体育流派的理论框架之中。

最后，占比最小的部分是中层理论研究，如基于技能论流派的《论美国学校体育教学中的"技术主题"》《运动技能学习层次构建》；基于终身体育论流派的《"健康中国"视阈下学校终身体育改革与发展研究》《学校、社区、家庭体育一体化发展困局、域外经验与发展对策研究》《不同学段衔接的体育课程研究领域与实践方向》等；基于"健康第一"流派的《辨误与厘正：学校体育"健康第一"理论立足点检视》《体育与健康课程校本化实施的涵义与路径》《健康信念、自我效能感和社会支持对青少年余暇锻炼的影响》等，这些研究在一定程度上丰富了在各学校体育流派的理论体系，推进了彼此间的融合与发展。

总体而言，无论是各学校体育流派自身理论与实践体系的完善程度，还是学校体育宏观、中观、微观层次理论研究的总体比例，都可以说明，学校体育中层理论研究没有得到应有的重视，衍生出了学校体育理论与实践领域的诸多问题。

三、学校体育中层理论研究不足的衍生问题

学校体育中层理论建设的普遍缺失，带来了学校体育理论与实践领域的一系列问题。

（一）学校体育指导思想不能有效地贯彻落实

中华人民共和国成立 70 余年间，我国学校体育经历了"外国学校体育理论的涌入与消化学习""本土学校体育理论的百花齐放与争鸣发展""学校体育实践的多样发展与优胜劣汰""学校体育研究的深入发展与特色初显"四个阶段，先后出现了包括"体质教育论""技术健身论""运动文化论"等十余种具有代表性的指导思想。每种指导思想都是不同时期、不同群体期待学校体育尽力实现的"美好愿景"，它总是试图开拓学校体育的"视界"并引领学校体育改革的实践。的确，这些重要的思想、理论在我国学校体育发展过程中均被不同程度、范围地吸收、运用，有的甚至影响了一段时期内体育教学改革发展的方向，但同时不应忽视部分指导思想的贯彻与落实并不顺利、彻底，给学校体育改革实践造成了"混乱"与"迷茫"，其自身反复陷入"提出——质疑——摇摆——推到——重提"怪圈之中的突出问题。虽然导致教育教学理论缺乏实践指导力的原因是多方面的，如教学理论的科学性与表达方式，教学实践者运用教学理论的态度与能力等[65]。但近年来，一些专家学者逐渐意识到，忽视从教学理念向教学实践的贯通性研究，即中间层次理论建设不足是重要原因之一。如刘海元、周登嵩提出，我国学校体育思想五彩缤纷，却经不起实践的考验，主要原因是有些指导思想还没有形成系统的网络结构，只提出了处于最高层的学校体育指导思想，但对于下位的如何贯彻执行的相关理论研究较少，尤其是要加强对贯彻落实各种学校体育指导思想支撑理论的研究，为教学目标确定、教学内容选编、教学方法创新、教学评价设计等环节提供必要的理论依据，在理解与贯彻学校体育指导思想的过程中才会减少偏见与错误[1]88。

（二）体育与健康课程改革缺乏充分的理论准备

我国学校体育第八次课程改革始于 2000 年，由于这次课程改革是在学生

体质持续多年下滑和应试教育倾向依然严重的历史条件下进行的，也是在中共中央、国务院颁布《关于深化教育改革全面推进素质教育的决定》，提出学校教育要明确"健康第一"指导思想的宏观教育背景下推行的，因此，促进学生身体、心理和社会适应能力的"三维健康"成为体育与健康课程的中心目标，并以此为指导对课程的内容、过程、方法、评价、管理等方面进行了大胆的探索与创新。二十余年后再对这一轮课程改革的"功过是非"进行总结与评估，总体认为新课改在一定程度上促进了学校体育界对于体育课程目的和目标的深入思考，强化了对学生积极性与创新性的关注，带动了以学校为中心的微观体育课程的研究，强调了评价内容与方式的多元化，激活了对现代教学方法的尝试等，为我国学校体育事业在 21 世纪迈上新台阶起到了"助推器"的作用。但同时，由于"课程性质模糊、课程内容泛化、教学过程形式化、教学评价虚化"[5]109-111等问题的存在，出现了大量如劳动技能充斥体育课堂，淡化运动技能掌握规格，片面强调"快乐"学习体验等实践"乱象"。

毛振明对造成实践乱象与思想混乱的问题进行剖析，认为在启动新一轮课程改革之初尚未完成必要的理论准备是主要原因。新课改虽明确提出了"健康第一"的指导思想，但关乎体育课程建设的几个最基本问题，如体育教材化的工作程序、体育教学内容的选编、体育教学评价内容与结构等都缺乏深入的研究，没有形成成熟的、共识的指导理论，广大体育教师只能凭借主观理解或既往经验开展教学改革试验，出现种种"乱象"自是无法避免[4]107-110。同时，上述课程改革理论依据的缺乏，使得我们一时对诸多所谓的"改革观点"难以辨别、驳斥，各种不具理论依据的"说法"纷纷出炉、混淆视听，将课改引入歧途。为保证新一轮体育与健康课程改革正确、持续、深入推进，完成"健康第一"指导思想与具体工作方法之间的理论准备工作可谓举足轻重。

（三）《学校体育学》等专业教材亟待充实完善

大多数体育专业院系在编写课程教学大纲时，将《学校体育学》定义为：是研究和揭示学校体育工作的基本规律，阐明学校体育工作的基本原理与方法的一门学科；也是培养各级体育师资，组织和实施学校体育工作所必需开设的一门专业基础理论课程。但从现行通用教材的篇章结构与具体内容来看，其更加侧重学校体育的历史、思想、目标、原则与实施方法等部分,对于学校体育工作规律、作用机制等相关理论的阐述极少,如在学校教育环境下青少年儿童的体育锻炼习惯养成规律、运动技能学习规律、身心健康发展规律等,都鲜见于《学校体育学》教材内容之中。但这部分内容正是解读学校体育思想流派、设计学校体育工作方法不可或缺的理论依据,脱离理论依据的教材内容存在两个突出问题:其一,各种"观点""方法"不可避免地带有很强的主观臆断、自说自话的成分,不同版本的《学校体育学》教材对于同一问题的阐述往往很难取得统一,严重影响了《学校体育学》理论体系的严谨性与规范性,让人们质疑该学科的成熟度。其二,学习者面对不谈设计原理只讲操作程序的方法体系,"知其然不知其所以然",限制其根据特定环境灵活运用方法的能力,也限制其创新方法的能力。如诸多教材只介绍游戏教学法的操作程序与实施要点,不阐明体育教学目标、学生学习动机与游戏教学形式之间的关系,游戏教学沦为"为游戏而游戏"的外在形式而无实质内容,偏离教学目标。因此,李林提出,现行《学校体育学》教材内容存在严重的"空心化"现象,没有多少需要理解的原理以及深刻的知识点,只有大量缺乏逻辑的条款和规定,这不仅使教学过程变得枯燥、牵强、乏味,更主要的是损害了学科理论体系的严谨性及其对实践的指导力[6]55。

(四) 学校体育理论研究的范式有待重新确立

体育学科是一个以教育学、心理学、社会学等多学科理论作为基础,新兴的、交叉的学科,体育学科的发展需要从这些基础学科中汲取"营养",但是也绝不能将基础学科理论与本学科理论混为一谈。尤其应该考虑到体育不同于其他学科以概念性、程序性知识为主,而是以操作性技能为主。因此,直接套用或平移转译的方式构建体育理论的做法都是不可取的。许多一线体育教师常常诉病,体育学科理论与具体教学实践之间存在匹配性差、适切程度不高等问题。比如,为在教学过程中发展学生的创新能力,有学者从教育心理学中引入"问题解决的学习与创造性"理论及"问题探究教学法",但在问题的构造、解决等环节,没有抓住体育学科的特定情境,未构造出具有典型性、可迁移性,以及有深度的体育学习问题,导致"问题"脱离体育学科实际、"问题"肤浅,学生讨论过程"装模作样"等不合理现象出现。在这些不合理教学现象的背后，是指导体育教学内容与方法创新、运用理论的缺乏，更深层次原因则是学校体育理论研究所采用的基本范式，没有充分结合体育教学特征，以实证为主的方法来思考问题并建设理论。

与此同时，在体育课程与教学改革过程中，一些理论研究者带有明显的"理想化"倾向，只单纯讲求教学理论的先进性，照搬照抄西方发达国家的教育理念，忽视对其教学理论体系的全面学习，准确把握教学理论的产生背景与适用要求。例如，"快乐体育论"是在20世纪70年代，日本在进入"脱产业社会"以后，人们拥有大量的闲暇，对待体育与工作的态度转向了"休闲与工作同等重要""工作是为了更好地休闲"的价值取向，在这样社会背景下，人们产生了全面、自由、自主参与活动的需要，包括体育学习，必须是从人们参与体育活动的本能欲求出发去安排课程内容、组织教学。但是在我国现阶段，体育依然要为培养德、智、体、美、劳全面发展的社会主义建设者和接班人的总体目标服务，教学资源还不足以保证学生按照自己的个性需求自主选择学习。因此，自"快乐体育论"引入以来，一直备受各方质疑，但如果在引入之初就认真从相关支撑理论与实践方案中掂量"快乐体育论"的可行性，就不会脱离我国体育教学实际，造成"放羊课""一个哨子两个球，老师学生乐悠悠"的荒唐结局。

由上述分析可知，无论是为避免"误读"学校体育思想，提出加强对其下位支撑理论的研究，还是为深入推进新一轮体育与健康课程改革强调必要的理论准备，抑或是为解决学校体育理论体系"空心化"问题补充对基本规律、作用机制的相关研究，都清晰表明现阶段学校体育中层理论研究的必要性与紧迫性，亟待引入中层研究的思想与方法，借鉴各学科中层理论研究的成功案例，尽快提升学校体育中层理论的建设水平。

四、学校体育中层理论研究不足的原因分析

学校体育中层理论研究不足催生出热衷提出体育教学"理念"，缺少指导具体实施的理论；注重从多学科视角借鉴移植，缺乏反映体育学科特征的本体研究；追求体育教学理论的"先进性"，忽视研究的现实背景等问题。对诸多现象、问题背后的深层次原因进行剖析，主要如下。

(一) 缺乏学校体育研究的使命感

近年来,学校体育研究的著作和发表的论文成爆发式增长,"指定教材""审定教材"版本繁多,各种学科理论在学校体育中的移植令人眼花缭乱,学校体育理论研究呈现"勃勃生机""欣欣向荣"的局面,虽然其中不乏真知灼见,但相当大比例的研究却偏离了突出现实问题的原初目的,在理论研究表面繁荣的假象背后,存在急功近利、追逐时尚、流于形式等不良的研究倾向。例如,不惜使用拆、挪、拼、凑等手段突击编写教学论著,内容自然多为简单重复;不考虑引入学科理论的形成背景、理论的内涵与特征,只是"改头换面""简单转译",或是基础学科理论的直接"套用";并不"指向具体现象"学校体育理论,更多是个人主观、空洞的"想法"等。由此可见,在我国当前的学校体育理论研究领域,部分研究者还没有将教学理论研究工作看作一项严肃的、具有历史使命感的科研活动,更没有为学校体育实践服务的强烈的问题意识。

对第八次体育与健康课程改革推行后发表在体育类中文核心期刊进行分析后发现,"照搬转译式"研究、"教材文件式"研究在学校体育领域普遍存在。"照搬转译式"研究指其他学科理论在体育学科应用时,未与学校体育实践特征真正相融合,简单转译、生搬硬套,实则不能指导学校体育实践,这是一般理论与学校体育中层理论的关系问题。如果是利用相关学科的一般理论来构建学校体育中层理论,一般要遵循以下程序:①分析其他学科理论的内涵与特征及理论形成背景,从本质上对理论进行把握;②融入体育学科特征,对理论进行"学科化""本土化"改造;③形成学校体育的中层理论;④利用学校体育的经验事实材料对新理论进行验证[66]。

核心期刊中有关一般理论问题的研究,较多是以其他学科理论视角来阐释学校体育现象、问题,但也多为"新瓶子装旧酒",缺少新观点,或者对现象问题没有新思考。阐释多是从较为宏观的层面以学校体育现象整体为研究对象,不仔细分析,认为是采用演绎推理的方法。由于这类研究大多是试图以其他学科理论来阐释学校体育现象,往往对学校体育的现实问题关注不够,即基于其他学科现象或以更广阔社会活动为对象发展而来的理论,在移植到学校体育领域时,总是主观倾向地认为在学校体育领域也存在这类现象或问题，从而导致有些问题针对性不强，甚至"无中生有"。例如，《分形视野中的体育教学复杂性》等研究，是以其他学科理论来审视学校体育中发生的现象、存在的问题，而不是以学校体育的现象、问题为研究的出发点。其他学科的理论只应是解决学校体育问题的工具，现如今，诸多研究却是以阐释理论为出发点，所列学校体育的经验事实不过是为了让体育专业的读者更好地理解该理论的举例，是一种典型的"我注六经"式的研究，忽视了研究应坚持的问题导向，初探其原因，盖因对学校体育自身的规律与特征把握不足所致。再如《体育教学中的社会心理学研究》，也是以一般学科的理论应用于学校体育领域，却未与学校体育的特征融合，实现学校体育的"学科化"，因此它仍然只能算作学校体育的基础学科理论，而非学校体育的学科基础理论。

再有一类文章是"教材文件式"研究，"教材文件式"研究的论文往往会出现如下标题："应该正确处理……关系""树立……思想，提高体育教学质量"，文中会出现大量的"我们认为……"等字眼，却鲜有支撑观点的材料，既无理论分析的材料，也无实证研究的材料，且这类研究多数是就一般性理论问题的阐述，因为这一层面的理论通常不与具体经验事实连接，不容易被证伪，比较容易找到"生存的空间"。

教材式研究的文章同样省略了支撑观点的材料，从概念到意义，从功能到价值，从特征到要求，直接罗列观点，如同教材编写的体例一般，殊不知进入教材编写的内容，本身就是从大量已被反复证明的观点中整理而来，自然无须再有论证的过程。教材式研究的论文选题往往是研究已较为充分的问题，可以看作重复选题，以他人的研究结论，配上自己的重新举例，就算是一篇新的论文。在《中国学校体育》杂志上刊登的论文，教材式研究的比例较大，教材式研究的两个主要缺点：一是观点的新颖性不够，往往是一些旧观点的重复；二是对观点的理论演绎及实证分析不足，直接罗列观点。

教材式研究是中小学体育教师所撰写论文中的一个突出问题，既无理论支撑，也无实验验证的前提下，直接铺陈个人观点，且这类观点多为中小学体育教材或课程标准中已包含的观点。学校体育研究中如果重复这些观点则研究失去意义，如果提出新的观点，则应有论证的过程，究其原因，盖因中小学教师未接受规范科学研究训练，且可获得的体育科研期刊资料不丰富，有关体育理论的文字材料多为教材，久而久之，习以为常，倒成了自身论文撰写的"规范"。教材式研究是一种必须避免的低级重复,没有创新观点的研究、没有严谨论证的假设是根本不可能产生中层理论的。

可见,无论是以高校教师为主体的体育类中文核心期刊,还是以中小学教师为主体的《中国学校体育》杂志,其中发表论文所采用的方法都存在不基于"学校体育现象与经验"开展学校体育理论研究的倾向,但注重"与具体现象连接"却恰恰是中层理论研究的本质需求,所以研究方法的选择不当是学校体育中层理论缺乏的重要原因之一。

教学理论发展的动力与源泉永远都来自教学现实的需要,只有关注教学现实、具有问题意识的教学理论研究才是具有"生命力"的,这也是教学理论构建的内在要求[40]132。如果将学校体育理论研究视为概念炒作、文字游戏,采用的研究方法仅止于清思玄构、闭门造车,"理论成果"一大堆,而教学问题却依然存在,教学理论与实践均无实质性进展,久而久之,就会使教学理论脱离于教学实践,失去指导实践的功能,也就失去了存在的价值。这就好比商品的生产与需求,现实的教学问题为教学理论研究者提出各种或系统、或专题的教学问题,如同消费者对商品的规格与功能提出的要求,研究者只能按照这些需求制造产品,即教学理论的"生产"。试想,如果理论生产者不能按照实践需求者的要求制造"产品",那么"产品"就找不到"市场",最终沦为被人遗弃的"废品"[41]29。由此,学校体育理论研究应紧扣时代脉搏,将研究的兴趣与教学实践的需要结合起来,避免在一些主观臆想的、人云亦云的"问题"上耗费"生产资料"与"生产时间"。

(二)忽视学校体育理论建构的渐进性

库恩把科学研究过程中的思维方式分为两类:一类是发散性思维,突破原有理论与方法的限制,实现理论创新或方法创新;另一类是收敛性思维,沿着原有理论的成果与逻辑逐步向前推进[67]35。库恩认为,研究者的绝大部分智力活动是收敛性思维,是对原有理论进行归纳、完善的常规性研究,在收敛性思维过程中,原有教学理论中的缺陷和矛盾逐渐暴露出来,需要不断进行补正,它使研究者对特定对象和问题的看法渐趋一致,是原有理论体系发生突破性进展的"质变"之前的"量变"过程。

学校体育理论是观察与分析学校体育现象,思考和探索学校体育规律后形成的，是对学校体育实践进行解释、预测与指导的观念体系，是对隐藏在学校体育现象背后客观规律的系统化的主观反映。但无论是对于"教学是什么、为什么"的"理论判断"，还是包括"应该如何"的"实践方案"，从根本上都应该是延续学校体育理论与实践历史，渐进、螺旋的发展过程。自第八次体育课程与教学改革以来，一些学校体育理论研究者较为忽视对既有实践的总结、对原有理论的完善，一心只求标新立异，在其言论与文章中频频出现一些含混模糊的"说法"，这些"说法"似乎始终以冲破传统教学理论的"束缚"为己任，与传统教学理论往往呈现出"两极化"倾向。学校体育理论的研究始终浮于"理念""口号"层面，没有就教学理论体系的完整性作长期的努力，没有考虑体育教学实践的复杂性，对于体育课程教学改革进程总想一蹴而就，缺乏反复试验、检验与推广的耐心。

库恩对于人类科学研究进程中思维活动方式的论述同样适合学校体育理论研究。在体育课程与教学改革研究过程中，虽然新颖的教学理念总是让人激动，对于教学实践的改造有着丰富的"构想"，但现实表明，最终能促进学校体育理论发展的理论假设，只能是在原有理论逻辑架构的基础上提出的，即对原有教学理论在一定程度上进行收敛性思维的结果。不然，我们将会永远停留在对于教学的理念、思想的"空洞"追求，而具体教学实施策略、方法等问题探索却成为研究的"盲点"。

（三）忽视本土环境对于外来理论的选择性

在一些理论研究者看来，国外教育教学的理论与实践均领先于我国，为了解决我国教育教学的现实问题，促进我国教育教学理论快速发展，应该像引进国外先进的技术设备一样，大力引进国外教育教学理论，以此迅速解决我国落后的教学面貌，提高教学质量[68]。但这种观点显然忽视了教学理论的形成受不同国家、民族特定历史文化特征影响的必然规律，企图跳过我国教育教学客观现实的做法注定是不能成功的。在第八次体育课程与教学改革新标准的推行之初，就存在以发达国家的体育课程理论与实践方案为蓝本的倾向，但终归与我国学校体育的传统与现状都存在较大差异，在具体实施环节阻力重重。

教学理论是事实性与价值性认识的统一，它不同于自然科学领域的理论，如果说自然科学领域的理论主要回答"是什么""为什么"的客观规律问题，教学理论则还要回答"怎么做"的问题，而这一问题又很大程度上受各国、各民族的历史、文化、经济条件的制约。因此，引入国外教学理论，必须考虑其"地域特征"，必须把握国外教育教学理论中所包含的各种或明或暗的背景条件，将这些条件与我国具体学情相比较，帮助我们在引入国外教学理论时做必要的取舍。

另外，不同于自然科学理论研究中概念、假设、观点的表述具有的清晰性和统一性，各国教育教学理论中使用的概念存在大量"同字不同意""同意不同字"的现象。很多情况下，一个特定的概念在不同的时间、文化和语言背景下往往具有不同的含义，也可能出现不同的研究者使用同一个概念去表述不同范畴的事物，这加大了我们对国外教育教学理论学习、借鉴的难度[69]。

我国的学校体育理论研究坚持以"问题为导向"，国外学校体育理论研究也不外乎如此，但国外学校体育理论研究者面对的现实问题与我国教学所面对的现实问题存在很大差异，所以国外学校体育理论只能当作我国教学理论研究的"养料"，研究的着眼点和出发点应是现实的教学问题，以及我国教学实践的特殊矛盾关系，从中发现特殊的教学规律，形成与我国教学实践相适应的教学理论。

可见，在建设"有中国特色"学校体育理论体系过程中，有必要学习和借鉴国外优秀学校体育研究成果，但不是"简单移植"，更不能是"照搬照抄"，前提是弄清楚国外学校体育改革过程中面临的主要问题，产生问题的深层次原因，各国学校体育研究者解决问题的立场、思路与方案。因此，主要借鉴的不是结论本身，而是国外学校体育理论研究过程中使用的方法。

（四）未能辩证处理经验材料与理性抽象的关系

学校体育是一种特殊的教学形式，与其他教学形式的主要区别表现在教学的途径与载体。学校体育的主要载体是体育知识技能的传授，而体育知识技能又多为不同于其他学科的操作技能，这决定了体育知识技能的学习过程，以及促进多维教学目标完成的途径具有其特殊性，把握学校体育实践活动规律较其他学科更为困难，对学校体育实践活动的指导还很大程度上依赖于直接经验。因此，无论是采用自上而下的演绎法，还是自下而上的归纳法，或者针对单独情境的"深度描述"，在学校体育理论建设的过程中都应注重与经验材料结合，并且在处理经验材料与理性抽象之间的辩证关系时，应尽量避免以下三类问题。

其一，纯思辨式的理论研究较多。关于学校体育的价值、思想、功能等"高度抽象""宏观层面"问题的研究不直接与具体经验材料结合，无法接受实践的检验，理论难辨真伪，因此如果研究者对于基础学科理论及体育学科自身特征缺乏系统深入地把握，往往会出现"虚假理论""错误理论"，误导学校体育实践。

其二，从基础学科理论自上而下的演绎过程中，自研究假设（研究者的"想法"）向具体实证材料推演的意识不强，在对其他学科的借鉴中提出假设后，却让假设悬在半空，不主动向学校体育实践靠拢以获得经验材料的支撑或检验。或是推演的过程较为草率，缺乏严谨的逻辑性。比如，有大量选题为"××理论在体育教学中的应用研究"，但研究过程与结论却始终停留在对相关理论的概念、思想、特征的简单转译，至于如何将引入理论与体育学科特征结合，与学校体育的现象及经验事实相连接，缺乏系统深入地分析。其实，在一般教学论研究领域，存在直接以哲学认识论观点和现代系统论观点解释教学现象的问题。无论具体或抽象的教学理论，在形成过程中虽然都要接受哲学认识论的指导，但这并不说明可以以哲学认识论代替教学认识论，更不能从中直接演绎出教学理论，或者以系统论代替教学论，把教学理论融合在系统论中。"从一般真理的单纯逻辑发展中去寻找具体问题的答案，这是把马克思主义庸俗化，并且完全是对辩证唯物主义的嘲弄。"[70]

其三，研究成果归纳概括的程度不够，始终停留在"经验介绍"的水平，自下而上进行理论建构的努力稍显不足。经验研究虽然为抽象理论的发展提供了"基础养料"，但如果不能进一步提升理论的概括性，扩大理论的应用范围，则理论的实践价值会受到限制。各级各类学校的一线体育教师，在学校体育改革实践过程中积累了大量宝贵经验，为学校体育理论研究提供了丰富的素材，但教学经验不会自然腾跃为教学理论，还需要辨伪存真、区分归类、提取共性等一系列概括归纳的过程。

因此，必须加强当前学校体育改革两大主要群体之间的联系，一类是学校体育理论研究者,另一类是各级各类学校的一线体育教师。一方面倡导学校体育理论研究者直接参与学校体育改革实践活动,避免从其他学科中简单演绎,或者仅凭主观构想。另一方面加强体育教师的教学研究能力,提升理性认识能力,以此促进学校体育理论与教学实践的结合、交融与发展。

五、结语

加强学校体育理论研究的现实指导力是提升学校体育改革科学化水平的内在要求。学校体育理论作为人们对学校体育实践活动理性认识的产物,是基于学校体育发展规律提出的具有层次性、复杂性的知识体系。学校体育理论向实践的转化必须符合时代要求、符合现实需要,必须从加强研究的问题意识,廓清教学实践与教学理论的层级关系,把握教学理论建构过程的渐进性,坚持本土环境对外来教学理论的选择性,正确处理经验材料与理性抽象的辩证关系等方面入手,整体提升学校体育研究的实践指导力。

第四章
体质教育论：薄弱的健身学理论基础

回顾近现代学校体育发展的历史，体质教育流派无疑是发端最早、影响最广、寄望最大，但同时也是争议最多的一种学校体育流派。学术论争的局面长期僵持、无法统一，直接影响了在青少年体质健康问题依然突出的当下发挥其应有的实践指导价值。

一、体质教育论的基本主张

"体育为增强体质"这一思想在我国早已存在，如民国时期蔡元培先生就曾呼吁培养学生"狮子样的体力"，认为"健全身体，实为教育上重要任务。健全的方法，运动最要"。徐一冰先生提出"体育不讲，人种不强；人种不强，国将安赖"。毛泽东在《体育之研究》中论述："体育者，人类自养其生之道，使身体平均发达，而有规则次序之可言者也。"张伯苓提倡"注重体育，锻炼健强之国民"[71]。这些进步人士的言论反映出体质教育思想在我国的早期萌芽。

体质教育思想的进一步发展离不开与技能教育思想之间的碰撞、冲突。自20世纪50年代，一些发达国家先后出现了对技能教育思想的批判及对体质教育思想的推崇，同时随着体育科学化的起步，对体质教育的实践探索日益深入。其主要标志包括20世纪50年代初，德国M.肖立赫、英国RE.摩根和GT.亚当逊为改变"动作铸型"教育，追求增强体质的实效，在体育课中创立并应用"巡回锻炼"；20世纪60年代中期，美国对体育课（PE）中的"行为主义"进行批判，在陶兰斯学校开始试验健身课；20世纪70年代，日本批判体育课中的"运动传习式"体育，在东京西户学校试验推行健身课；1977 年，诺维克夫和马特维耶夫在《苏联体育 60 年》的总结中提出解决完善苏联人身体的问题，严厉地批评了体育课在体育的大门之外做游戏的惯例[72]11-13。

受国外体质教育研究的影响，同时忧心于我国群众体质健康水平落后的局面，自 20 世纪 80 年代初，国内体育界在体育目的、任务上，特别是在以增强体质为主或以提高运动技术为主的问题上，开始了尖锐的争论。一部分师范大学体育系的体育理论工作者对我国体育工作自 1959 年后向竞技体育大量倾斜，忽视群众体育体质的做法表示强烈不满，批评中国"是按竞技方式办体育，在体育中搞竞技"，坚持认为"竞技不是体育""Sports 徒托体育之名而无身体教育之实"，因为"竞技是与对手较量给人们观赏的运动文化娱乐活动，体育则要依靠科学教育提高人的身体素质，不应该用开展竞技运动的方式去办体育而把真正的体育弄得名存实亡"，明确提出"体育应是锻炼身体增强体质的教育""是发展身体、建设身体、完善身体的教育"的指导思想。具体做法是"体育必修课中取消大杂烩的用体育之名的运动课，开增强体质的健身课"[54]163-165，并遵照目的和手段一致性的准则，健身教材所有的内容都必须来自增强人体质的需要，自成增强体质知识、技能的体系。"在教育中以竞技运动为主要内容来作为教育组成部分的体育的这种状况不能沿袭下去了"，体育课应该教授健身的手段及应用方法，倡导开"健身处方"，提出了"体质变化势态控制的知识和技能是体育业务的中心环节、主要内容""体质变化，势态控制的各种措施都可以成为健身手段"，采用的练习方法主要是重复练习法、连续、间歇、变换锻炼等[61]10-13。至此，体质教育流派已臻于成熟，成为推动我国体育教育科学化的一支重要力量。

二、体质教育论的实施困境

（一）体质教育论实施路径的分歧

当体质教育流派正式登上历史舞台时，不乏学者非常乐观地认为，体质教育流派的观点、方法会被广泛接受并大力推行。一方面，体质教育思想非常契合人们对于体育本质属性的理论认识，如《世界体育宣言》（*World Mani-*

festo on Physical Education）中这样解释："体育是教育的一个组成部分；它要求按一定规律以系统方式，借助身体运动和自然力的影响作用于人体，完成发展身体的任务。"国际体育名词术语委员会出版的《体育运动词汇》中将体育定义为"身体的教育、培育，是系统地运用身体练习的一切形式，主要目的在于提高人的合乎社会需要的生物学潜力的活动"[73]。这些重要文献对于"体育"内涵的界定都非常贴近体质教育流派的基本观点。另一方面，体质教育思想更加符合国家、社会的需要。虽然我国政府一直以来就高度重视青少年的身心健康，但各个时期的青少年体质健康状况并不令人满意，特别是改革开放四十余年来，人们物质生活水平及医疗卫生条件得到了极大改善，学生体质监测的结果却呈逐年下滑态势，党中央、国务院与教育、体育的主管部门多次发文，明确提出要求加强学校体育工作。

可事实是，除"体育是增强体质的教育"这一目标定位被普遍认可，体质教育流派提出的实现途径与方法不仅引起理论界的长期质疑、争议，在实践过程中也一度遇到了无法突破的瓶颈。首先，是对于"竞技运动不能成为增强体质的锻炼手段"的质疑。持反对意见的专家学者普遍认为运动技术是能充分发挥运动员机体能力的合理、有效完成动作的方法，越是高级的运动技术学习过程，越是需要全面的身心参与，越是能产生深刻的生物性改造，对增进身体健康的价值也就越大。反之，若撇开等级运动技术，真的只将锻炼方法限定为一些简单肢体动作的多次重复，如快走、跑步、爬山等，虽然简单易行，但对身体的锻炼效应却未必全面、深刻[74]。其次，对"忽视学生体育学习动机"的批判。受苏联学校教育主体论的影响，体质教育流派更多地强调国家、社会的需要，将满足国家、社会的需要作为学校体育的直接目标，青少年体育学习的需要则成为间接目标。有的学者认为青少年作为个体存在时，其直接体育目标不会指向增强体质，被动地参加教育者为他们设计的体育课程，其自身的运动欲望并没有得到满足，谈不上对体育的兴趣，更不会由此而形成终身体育的意识和习惯。当他们离开学校后，其体育锻炼行为随之终止，体质下降不可避免[75]27。最后，是体质教育流派的教学改革试验遭遇的"教材困境"与"兴趣困境"。剔除了竞技运动项目的教材内容体系变得"干瘪"，而且没了竞技运动项目的娱乐性，学生参与锻炼的积极性很难保证[76]88-92。

（二）体质教育论实施效果的不足

体质教育思想在我国推行了几十年，但青少年体质健康问题依然突出。以 1991—2014 年的 25 年间先后开展的 5 次全国范围的学生体质健康调查为例，我国 7~18 岁中小学生城市男生、乡村男生、城市女生、乡村女生各年龄段肺活量均值整体下降幅度分别为 268.92 mL、242.73 mL、327.02 mL、302.75 mL；50m 跑的时间均值整体延长幅度分别为 0.19 s、0.08 s、0.34 s、0.32 s；立定跳远的距离均值在 1991—1995 年有所延长，在 1995—2010 年有所缩短，整体呈缩短趋势；7~12 岁学生 50 m×8 往返跑、13~18 岁男生 1000 m 跑，以及 13~18 岁女生 800 m 跑的时间均值，男生呈持续延长趋势，女生在 1991—1995 年有所缩短，在 1995—2014 年延长，整体呈延长趋势；7~12 岁男生斜身引体、13~18 岁男生引体向上，以及 7~18 岁女生 1 分钟内仰卧起坐的次数在 1991—1995 年增多，在 1995—2014 年减少，整体呈减少趋势；我国城市男生、乡村男生、城市女生、乡村女生肥胖检出率的均值整体上升幅度分别为 10.42%、7.35%、4.2%、3.41%；视力不良检出率的均值整体上升幅度分别为 18.37%、19.85%、16.84%、21.17%。显而易见，虽然体质教育思想在我国学校体育具有重要而深远的影响，但各年龄段学生的体质健康水平仍然呈整体下降态势[77]。

预期与事实的巨大反差令人错愕，不仅学术论争的局面长期僵持、无法统一，在青少年体质健康问题依然突出的当下也不能充分发挥其实践价值。因此，必须从新的视角对体质教育流派的思想及方法体系进行深入剖析，找到问题症结，提出弥补方案，达到澄清思想、甄别理论、规范方法、提高实效的目的。

三、中层理论视域下体质教育论的梳理与补阙

从中层理论的视角来对体质教育流派的基本主张与实践方法加以整理、分析就不难发现，体质教育流派的倡导者在对运动技术教育弊端的批判中逐渐发展出"体育应是身体教育"的核心观点，并依据"目的手段一致性"原则，较为机械地设计了体育健身的实践形式与方法，在这一过程中并没有对

体质的概念与内涵、体育健身的科学原理与方法、青少年体质教育的工作机制等起支撑、过渡层面的理论进行深入研究,最终导致了推行体质教育的诸多学术争议与实施困境。因此,必须加强体质教育流派的中层理论研究,从保证青少年体育健身效应的需要出发,系统阐述体质的概念及构成,体育锻炼促进体质健康发展的生理、心理机制,以及青少年体质教育的工作体系与工作机制,才有望澄清体质教育流派基本主张中的"疑点",消解各方的分歧并科学合理地规划实践路径。

总体而言,我们必须回答三个问题。第一,体质的内涵是什么?虽然体育领域的专家学者自20世纪80年代起就开始对体质的概念、内涵、指标、标准、评价等问题进行过广泛而持久的研究,但时至今日,体质到底是特指人们的生理特征,还是生命活动过程中所体现出的一种能力或状态;是仅包含身体健康维度的,还是也涵盖心理健康成分,仍有较大争议。由于人们对体质构成的结构、内容及各部分之间关联性的认识还不够准确,体质锻炼与评价的实践活动还存在很大的主观性与盲目性。例如,体质测试的项目、指标总在不断修改,不同年度学生参与体质测试的内容不尽相同,按照体质测量的统计结果来分析学生体质的变化规律难免牵强。第二,体育锻炼与体质健康水平变化之间的关系。虽然通常上会认为,运动个体通过合理的体育行为可以改善心肺功能,加快新陈代谢,增强肌肉力量,提高骨骼密度和韧带弹性,但针对特定的体质改善要求,何种运动方式、运动频率、运动时间、运动强度等要素的组合更加有效、更加具有针对性,还缺乏全面、系统地认识,因此体育锻炼增强体质的科学规律性研究还有待深入。第三,学校体育作为特定时期、特定范围的体育活动,必须在青少年体质工作体系的大框架下去确定目标、任务、内容、途径和方法。首先,应主动作为,抓住学生正处于身心发展的敏感期,事半功倍地提高学生当下的体质健康水平;其次,要客观认识,要取得体育锻炼促进体质健康发展的最大效应,不能只寄希望于课内体育教学,必须培养学生在课外、校外积极、主动、科学地参与体育锻炼的习惯与能力;最后,必须解决学生在课内外、校内外体质教育活动的内容衔接、条件保障等问题。

(一) 基于体质认识发展的目标设定

不同学科、不同时期、不同地域对于体质的概念与内涵的界定不完全相同。中医体质学认为体质是人类在生长、发育过程中所形成的，与自然、社会环境相适应的人体个性特征。美国自20世纪70年代，对体质概念的认识发生了重大转变，将体质划分为与健康相关的体质（Health-related Physical Fitness）和与运动相关的体质（Skill-related Physical Fitness）两种不同类型。与健康相关的体质是指人们能够有活力和机敏地完成日常任务而无过度疲劳、有足够的能量享受闲暇乐趣和应对突发情况的能力[78]。1978年，欧盟各国签订了采用统一体质测定标准的协议，其最具代表性的尤罗菲特测试组合（Eurofit Test Battery）包括心肺功能、肌肉力量和耐力、柔韧性、灵敏度和平衡能力等。在日本，通常以"体力"一词替代"体质"，其构成涵盖身体要素和精神要素，测定内容包括身体形态、肌肉力量、肌肉耐力、柔韧性、爆发力和灵敏性。国际体力研究委员会（简称ICPFR）与国际生物学发展规划理事会（简称IBP）为促进国际体力测试的标准化，于1974年公布了体质测试实施方案，涵盖医学检查、生理学测定和生理指数、形态测量和身体成分、基本身体素质测验四个方面。

在我国，体质研究直到20世纪70年代才逐渐发展成为一门独立的，且具有系统的理论和实践体系的学科。1979年由国家体委牵头，联合教育部等部委开展了第一次全国性的儿童青少年体质调研，测试内容包括身体的形态、机能、素质三个方面，取得了我国儿童体质水平的重要数据，并以此为契机，由体育、卫生、教育等多领域的专家和学者共同组建了中国体育科学学会体质研究分会。1982年中国体育科学学会体质研究分会界定了体质的定义和范畴，认为体质是指人体的质量，是在遗传性和获得性的基础上表现出来的人体形态结构、生理功能和心理因素的综合的、相对稳定的特征。"体质"的范畴包括：①身体的发育水平，包括体格、体型、体姿、营养状况和身体成分等方面；②身体的功能水平，包括机体的新陈代谢状况和各器官、系统的效能等；③身体的素质及运动能力水平，包括速度、力量、耐力、灵敏、协调，还有走、跑、跳、投、攀越等身体的基本活动能力；④心理的发育水平，包括智力、情感、行为、感知觉、个性、性格、意志等方面；⑤适应能力，包括对自然环境、社会环境、各种生活紧张事件的适应能力，对疾病和其他有碍健康的不良应激原的抵抗能力等[79]。

从上述体质的内涵认识和实践可以看出，不同学科、时期、地域从不同侧重点对体质进行定义,因此出现了体质的多种概念与范畴。例如,体育学科重点关注身高、体重、胸围等形态特征,以及外在表现出来的运动能力;体质人类学关注人体的形态特征、生理特征,以及生化特征;中医体质学讲究"形神合一",关注包括形体要素和心理要素在内的人体生命特征。综上所述,应该从形态、机能和心理活动三个主要方面来把握体质的范畴(图4-1),其中"形态特征"反映身体发育水平,外在表现为体格、姿态特征;"机能素质"反映内部器官系统的功能特征,外在表现为人体对于外界环境变化的抵抗力和适应力,以及在体育活动中表现出来的跑、跳、投等运动能力;"心理品质"反映了人在精神方面特征,包括感知力、思维力、情感力、意志力、应变力,外在表现为人在各种错综复杂的社会关系状态下的人际交往水平、角色扮演水平、社会参与水平等。

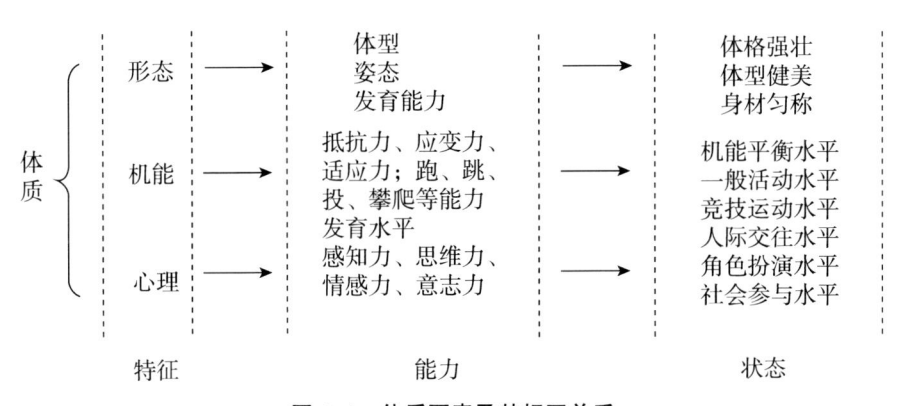

体质	形态	→	体型 姿态 发育能力	→	体格强壮 体型健美 身材匀称
	机能	→	抵抗力、应变力、 适应力;跑、跳、 投、攀爬等能力 发育水平	→	机能平衡水平 一般活动水平 竞技运动水平 人际交往水平
	心理	→	感知力、思维力、 情感力、意志力	→	角色扮演水平 社会参与水平
	特征		能力		状态

图 4-1 体质要素及其相互关系

(二)基于"身心变化势态控制"的内容构建

对体质概念、范畴及其构成要素有了清晰的认识,便明确了体质发展的对象,接下来是揭示针对各体质要素的改进规律与方法。就提高青少年体育健身短期效应而言,体育锻炼促进体质健康发展的生理学机制是最为重要的支撑理论。这一点体质教育流派的倡行者已有了清醒的认识,其代表人物之一林笑峰先生曾提出"体质变化势态控制的知识和技能是体育业务的中心环节",呼吁建立"健身学"这门学科,"健身学是反映对体质增强过程之认识和实践的基本知识,包括对健身过程的总的认识,以及优生、优育、锻炼、养生等诸方面","应将'健身学'作为身体教育专业的主学科,若没有健身学做专业主课,就不可能有真正增强体质的教育"[62]35-36。在体质教育流派确立之初,竞技体能训练的理论与方法是体育科学研究的主流,普通青少年体育健身的生理学机制研究相对还比较薄弱,限制了体质教育课程设计与实施的科学化水平,影响了体质教育的实践效果。而就获得青少年体育健身长远效应而言,主动运动的习惯与自我锻炼的能力是至关重要的影响因素,因为只有不仅局限于在教师的指导下进行自我锻炼,增加"主动运动时间",才能实现运动效应累积,从根本上保证学生体质健康的长远发展,所以体育锻炼习惯的养成机制与体育健身能力的培养机制,是体质教育流派不可或缺的支撑理论。但体质教育流派的倡导者对于这一部分的研究是完全忽视的,针对体质教育实践路径的诸多争议多是因它而起。

应该说,近年来对于科学增肌与减重、身体素质训练的研究成果大量涌现,特别是自北京2008年奥运会以后,我国体能训练的科学化水平得到了极大的提高,不仅体现在竞技体育方面,还表现为针对普通大众、青少年儿童的体能训练、健康体适能等方面,出现了大量新理论、新方法。但学校体育领域的相关研究缺乏有效跟进,没有通过有序的整合与传播,将体育锻炼与身体形态发育、机能发展的新理论、新方法糅合到学校体育课程的设计与实施环节,学校体育的体质教育活动很大程度上还停留在碎片化、经验化的层面。

在体育锻炼与心理品质发展研究方面,已有大量实验证据表明,经常参加体育锻炼,能促进人体分泌内啡肽,缓解压力;提高自信和自我概念,增加愉悦感,提高主观幸福感水平;对环境的适应力及创造性的思维能力更强,提高对社会的融入程度。体育锻炼与心理品质发展具有相关性已成为共识,但是体育锻炼促进心理品质发展机制的研究仍有待深入。

1. 体育锻炼习惯的养成机制

事实上,有关体育锻炼习惯形成规律的研究一直是学校体育研究领域的难点问题,经过多年研究成果的累积与发展,现如今已经能够比较充分地揭示体育锻炼习惯的形成规律。研究发现,体育锻炼习惯是需要恒心和毅力不断克服自身惰性和环境阻碍的复杂的活动习惯,是否具有持久稳定的运动信念是体育锻炼习惯养成的中介变量,而运动信念的建立又是一个从个体需要动机出发,通过特定行为实践,获得深刻的认知体验,最终形成对于某种观点的确信与坚持的渐进过程[80]。只不过不同群体体育锻炼的动机不同、同一群体体育锻炼动机会随着年龄等因素变化而发生改变,对于青少年儿童而言,享受运动乐趣是首要的体育参与动机与坚持动机,只不过不同年龄阶段学生在感受运动乐趣的方式上存在差异,如儿童时期主要是从身体活动多样化中获得兴奋感和满足感,初中和高中阶段则是在提高运动技能、参与擅长运动项目的过程中产生积极性情感体验[81]146-149。可见,培养体育锻炼习惯的关键是根据不同学段学生感受运动乐趣方式的不同,设计更具针对性的体育锻炼形式。

2. 体育健身能力的培养机制

依据当代教育心理学理论,学生的学科能力是其在获得学科知识的基础上通过概括化(或类化)而形成的。因此,学科能力的发展需要教师在教学中启发、引导学生对所学内容进行概括,总结出其中的规律、原理、原则,让学生能够脱离学习过程中的具体情境去把握各规律、原理、原则的实质,并能在新情境中准确运用原理、原则去学习新知识或解决新问题,这是能力培养的主要途径,也是能力形成的重要标志[82]6-12。学生在体育学习与实践过程中,所面临的体育健身情境是极为丰富且不断变化的,在有限的体育教学时数内,自然不能"只需要按照老师指定的练习负荷采取重复法、巡回锻炼法等进行练习即可"[62]35-36,而应借助于健身实践典型案例的教学,引导学生总结、把握青少年体育健身规律、原则,提高他们在新情境中的应用能力。

传统的体质教育论,忽视了对体育锻炼习惯与体育健身能力培养机制问题的研究,体质教育工作求"鱼"而失"渔",寄希望于抓住学生校内,甚至是课内的体育健身活动达成体质教育目的,学生主动锻炼的意识和自我指导的能力没有得到同步发展,体质锻炼的当前与长远效应难以保证,最终"鱼""渔"尽失。

(三)基于"家—校—社"协同的工作体系

国内外研究成果已经表明,青少年儿童体质健康水平受学校、家庭、社会、政府等多重因素的共同影响。其中，健康行为和生活方式是青少年儿童体质下降的核心因素，因此不应也不能寄希望于学校体育独立解决这一问题。大多数西方发达国家没有将责任完全推给教育部门或体育部门，而是动员家庭、企业、社区和学校等全社会力量共同参与。比如，美国第一夫人米歇尔推动的"Let's move"计划中[83]，就包括请当红歌星参与宣传，与沃尔玛等美国最大的十几家食品生产企业签订了修改原料成分的协议等举措，共同解决儿童肥胖问题。日本政府早在1879年（明治维新时期）就开始了青少年儿童体质健康监测，将儿童青少年的健康管理作为全国公民健康管理系统的重要组成部分[84]。

在我国，青少年体质健康工作长期以来正是通过整合不同部门的资源和优势才得以有效推进。以表4-1所示1979—2019年我国青少年体质健康政策主要发文单位及其发文频次统计结果为例说明，参与青少年体质健康政策制定的部门多达50余个，其中中共中央办公厅（6次）、国务院（14次）、全国人民代表大会（4次）、教育部（203次）、国家卫生健康委员会（70次）、国家体育总局（66次）、共青团中央（25次）。我国青少年体质健康工作正逐渐形成以中共中央、国务院、教育部、卫生部门、体育总局、共青团中央等多部门、多层次协同配合的工作体系，统筹考虑教育、体育、卫生、环境等各种因素，提高了青少年体质健康工作的全面性、科学性和延续性。

表4-1　1979—2019年我国青少年体质健康政策主要发文单位及其发文频次

发文机构	独立发文/次	联合发文/次	合计/次
中共中央办公厅	2	4	6
国务院	11	4	14
全国人民代表大会	4	0	4
教育部	108	95	203
国家卫生健康委员会	11	59	70
国家体育总局	20	46	66
共青团中央	1	24	25

因此，"体质教育"思想指导下的学校体育工作绝不是单打独斗，同样需

要融入全社会的全方位合作，持续地改善青少年体质的大背景、大框架下去思考、开展工作。以"学校—家庭—社区"为中心，统筹政府、学校、社区、家庭、社会的协同参与，校内外体育、体力活动相结合，完善青少年体育体质健康的工作体系。学校体育主要负责体质健康的意识、习惯、知识、技能的培养，组织必要的体质健康促进与测试活动。相应地，住房城乡建设部门则负责保障青少年基础活动场地设施等，营造有利于青少年体育参与的社区环境。教育部门努力转变应试教育体制和现代生活方式，将青少年体质健康水平纳入各级各类考试选拔的重要内容，健全学校意外伤害事故的处理机制，强化学生个人风险意识，解除体育教师的后顾之忧，优化青少年体质健康工作的实施环境。同时，多元化途径筹集经费给予青少年体育活动支持，大力开展普通青少年体育比赛，优化各类体育人才队伍建设，为青少年营造良好的运动与成才环境。

四、结语

基于体质教育的中层理论，可以更为科学地规划其发展路径。首先，体质教育流派提出"学校体育是发展与完善学生身体的教育"基本主张既吻合各国对于体育本质属性的理论认识，也能反映当前我国青少年体质健康工作的现实需要，可以作为指导当前学校体育工作开展的总方针。其次，青少年体质增长有其特定的生理学机制，必须借助青少年体育健身研究领域的新进展，抓住青少年各项身体素质发展的敏感期，设计科学的锻炼处方，安排专门的体能训练课，事半功倍地提高学生当下的体质健康水平。再次，在开展由教师设计、主导的身体锻炼活动的同时，还必须引导学生掌握体育健身的原理与方法，培养学生自我锻炼的能力，关键是选取体育健身的典型案例进行教学，引导学生总结、把握其中的体育健身法则，并提高他们在新的健身情境中的应用能力。复次，为保证学生的"主动运动时间"，实现体育健身的长远效益，必须培养学生的体育锻炼习惯。从学生体育学习的需要出发，针对不同学段学生安排丰富的体育活动，主要特征是小学阶段多样化、中学阶段技术化、高中阶段专项化、大学阶段生活化，持续激发学生的体育学习动机，建立运动愉悦信念并最终养成体育锻炼习惯。最后，要从全方位合作、持续地增强青少年体质的大背景、大框架下去思考、开展学校体育工作，课内与课外、校内与校外、体育与体力活动统筹考虑，搭建完善工作体系与工作机制。可见，基于中层理论的体质教育是一个兼顾效率与兴趣、活动参与能力发展、短期效果与长期效应等多方面因素的系统工程，不偏废或执着于某一方面，关于体质教育流派的种种"疑虑"与"争论"自会"烟消云散"，体质教育"发展身体、建设身体、完善身体"的目标才有望实现。

第五章

运动技能论：运动技能学习的学理困局

基于运动技能的"学、练、赛"，既是学校体育教学的主要内容，也是承载学校体育"四位一体"目标的重要载体，不断提高运动技能的学习质量与效率是学校体育改革研究的永恒命题，但同时学生普遍存在"十四年不能掌握一项运动技能"的现象也广为诟病。因此，必须继续加强运动技能学习的学理探讨，为运动技能学习过程与方法设计提供坚实的理论基础。

一、运动技能论的基本主张

运动技能论是学校体育理论中的一大流派。在运动技能流派看来，体育是人们在长期生产、生活实践中认识、创造的一种有身体运动特征的社会文化，可以理解为关于身体运动的文化。其中，典型的、具有代表性和先进性的身体运动文化是人类文明的精华，需要传承、创新和发展。当"身体运动的文化"成为学校教育的一部分，就应该从学科或课程的角度来考量它。教育科学的重要倡导者——英国教育家斯宾塞（Herbert Spencer，1820—1903年）曾把课程解释为有组织的知识体系，那么课程视域下的体育应该是有关于"身体运动文化知识的系统组织"，而"身体运动文化知识"里最重要的就是运动技能。因此，学校体育课程的核心任务是系统掌握"身体运动文化"的基础知识、基本技术、基本技能，其他有关健身、休闲、娱乐、竞赛功能则在此基础上衍生而来。学校体育是学校教育的一种特殊形式，应该遵循学校教育的基本规律，以知识技能的传授为载体，达到全面育人的根本目的。体育学科最核心、最有价值的知识是以运动技能为代表的操作性知识，学习者运动乐趣的体验、体质健康的促进、完善人格的发展都必须以运动技术的学习与运用过程为依托。越是重视运动技术，体育课程就越有"知识含量"，体育课程的价值越能体现，体育教师的社会地位才有保证；越是重视运动技术，体育锻炼的效果才会事半功倍，因为运动技术是"最合乎人体结构与力学原理的"；越是重视运动技术，越有可能深刻体验运动项目的乐趣与文化，养成终身体育的习惯；越是重视运动技术，越有机会参加运动竞赛，在真实情景中磨炼意志，发展人格，因此"运动技能学习"是学校体育工作的核心，这是学校教育性质的体现，也是体育规律的必然。

二、运动技能论的理论分歧与实践困境

（一）推行运动技能论的理论分歧

1. 对"运动传习式"体育课程的质疑与批判

运动技能论的指导思想在我国学校体育领域具有悠久的历史，并且是在与体质教育论的不断冲突中不断发展进步的。20世纪30年代，我国体育界就曾出现"土洋之争"，其中"土体育"主要是指以武术为代表的中国传统体育，讲求技击与健身功效；"洋体育"指从国外传入的西方近代体育，主张运动技术传习，"训练智勇兼备之士，养成跑跳奔攀之技"，最终更为注重西方体育技术传习的运动技术流派逐渐占据上风，除一小部分武术内容被保留，学校体育课程的内容和要求基本按照西方国家的"洋体育"组织与开展。

自20世纪50年代，一些发达国家为推崇体质教育思想，开始对技能教育思想展开批判，如20世纪50年代初，德国M.肖立赫、英国RE.摩根和GT.亚当逊提出放弃"动作铸型"教育，开展"巡回锻炼"，以追求增强体质的实效；20世纪60年代中期，美国对体育（PE）课中以运动技能教学为主的"行为主义"进行批判，继而在陶兰斯学校开始试验健身课；20世纪70年代，日本批判体育课中的"运动传习式"体育，在东京西户学校试验推行"健身"课；1977年，诺维克夫和马特维耶夫在《苏联体育60年》的总结中提出解决完善苏联人身体的问题，严厉地批评了体育课在体育的大门之外做游戏的惯例[72]11-13。受国外体质教育研究的影响，同时忧心于我国群众体质

健康水平落后的局面，自20世纪80年代初，国内体育界在体育目的任务上，特别是在以增强体质为主或以提高运动技术为主的问题上，也开始了尖锐的争论。一部分体育理论工作者对我国体育工作自1959年后向竞技体育大幅倾斜、忽视群众体育体质的做法表示强烈不满，批评中国"是按竞技方式办体育，在体育中搞竞技"，坚持认为"竞技不是体育""Sports 徒托体育之名而无身体教育之实"，因为"竞技是与对手较量给人们观赏的运动文化娱乐活动，不应该用开展竞技运动的方式去办体育而把真正的体育弄得名存实亡""在教育中以竞技运动为主要内容来作为教育组成部分的体育的这种状况再也不能沿袭下去了"，必须"取消大杂烩的用体育之名的运动课，开增强体质的健身课"[62]35-36。

2. "体育教育载体"地位的争取与确立

面对批评与质疑，部分学者依然坚持"体育教学必须在运动技术传习中得以呈现、完成、完善"，"增强体质在体育课中是处于从属地位的，如果硬要说体育课的主要任务是增强体质，显然违背了教育学原理和一般常识，在理论上很难讲通"，并且"即使把体育教学的全部时间都用于直接增强学生体质，也很难实现学校体育增强学生体质的目标"。

20世纪90年代末期，周登嵩、赖天德、毛振明等学者在从社会和个体对体育的不同要求、学校体育目标与体育教学目标、直接目标与间接目标、应该的目标与可能的目标、不得已而为之的目标与应该而为之的目标、"鱼"和"渔"及其关系、体育教学目标的层次性、目标的具体化等角度对体育教学指导思想进行了全面系统、分析后，更加坚定地认为体育教学目标是技术传习，增强体质不应成为体育教学的直接目标。

在明确运动技术学习作为体育教学活动的主要载体后，面对一个庞杂的体育运动项目群体，究竟是以某一运动专项为主，还是全面学习各种体育项目，学术界产生了一定分歧。1993年，孙耀鹏教授从深入分析体育教学中影响体育兴趣形成与发展的主要因素入手，首次提出了以培养"专项兴趣"为核心的体育兴趣培养目标，并主张在大中小学全面开设"专项课"[85]。这一观点在学校体育界引起了强烈反响。《中国学校体育》曾于1994年专门就"专项体育课"问题陆续发表了一批代表不同学术观点的争鸣文章，学者对于开设专项体育课的科学性与可行性进行了热烈讨论，褒贬不一，但"专项体育课"方案最终未被教育主管部门采纳，也就未能在体育教学实践领域得以广泛推行。与此同时，在"全面发展"教育思想和"满足不同学生兴趣"理论观点的指导下，将大量体育运动项目搬进体育课，各运动项目技能学习统一按照"小单元"进行排列和设计的传统做法，"普通体育课"的课程模式得以延续。有学者对当时的运动技能学习数量做过统计，结果显示学生在每学年实际 60 学时左右的教学时间内，平均需要完成涉及十余个运动项目 77 项教材内容的学习，运动技能学习呈现出一种"蜻蜓点水""低级重复"的现象[86]。

进入 21 世纪后，技能派借助推行素质教育与终身体育的东风，进一步巩固了运动技术学习在体育教学中的核心地位，因为"运动技能教学既有形成新的运动技能的表层价值，也有提高认识能力和获得情感体验的深层价值"。

伴随"普通体育课"出现的是运动技能学习水平低下及"学生爱好体育却不喜欢体育课"的被动局面，"促进学生身心素质的全面发展""为终身体育做准备"的学校体育工作目标无法落实，各专家学者开始对体育课程的教材排列理论进行反思。2000 年前后，毛振明教授依据"增强课程的实用性，为终身体育打基础"的原则，将教材划分为"精教类""简教类""介绍体验类""锻炼类"四种类型，提出"精教类"教材应采取大周期循环、大单元教学的方式进行编排，将指导体育教材排列的传统的"直线螺旋理论"发展为"大小周期循环理论"，奠定了由"普通体育课"向"专项体育课"演进的坚实基础[87]234。

"体育艺术 2+1 项目"是教育部自 2004 年开展实验，2011 年正式在全国义务教育阶段实施，为全面实施素质教育，提高运动能力和艺术素养，促进学生健康成长全面发展，为学生的终身发展奠定良好基础的重点工程。《关于在义务教育阶段中小学实施体育艺术"2+1"项目的通知》明确提出，要精选体育项目，以课堂教学为主渠道，帮助学生真正掌握两项运动技能，为终身发展奠定良好的基础，从教育主管部门的角度首次明确了开设"专项体育课"的必要性。2014 年，教育部在总结几年来学校体育工作先进经验的基础上，决定加强学校体育"一校一品工程"建设，要求各地区和学校因地制宜，依托本地教学资源，突出专项体育教学，并提出"1+X"体育教学改革模式。

其中，"1"是指在体育课上要至少教会学生一项运动技能；"X"是指发展跑、跳、投等基本运动技能。该模式鼓励学生在掌握一定基本运动技能的基础上，自中学阶段可以根据自己的兴趣专门学习一个或几个项目，进一步推动"专项体育课"的开展。在2015年全国政协十二届三次会议期间，政协委员姚明"推行专项体育课"的提案，根据上海市高中体育专项化教学改革试点的经验，就"专项体育课"的意义、内容、组织、保障等进行了阐述，提案得到了学校体育界的普遍认同，"青少年熟练掌握一到两项运动技能的方向"基本确立。

3. 对青少年"切实掌握一到两项运动技能"深层意义的分析

推进青少年"切实掌握一到两项运动技能"是在我国学校体育改革与发展过程中，以目标为导向进行长期实践探索后所做出的选择，其实践价值被广泛认可。基于此，借助教育学、心理学、体育学等相关学科理论对推进青少年"切实掌握一到两项运动技能"如何全面落实当前学校体育总体目标的理论意义展开分析。

（1）把握"一项多能"与"个性动力"特征，落实全面发展目标

促进人的全面发展是我国教育事业一直以来坚持的基本方针。在这样的社会与教育背景下，"全面发展"成为我国学校体育工作的重要指导思想。当前，我们提出学校体育"三位一体"目标包括：一是增强学生体质健康水平；二是提高学生的运动技能；三是培养学生的健全人格[88]，这是对于"全面发展"要求的坚持与具体化。推进青少年"切实掌握一到两项运动技能"能够作为全面落实学校体育"三位一体"总体目标的有效突破口，主要基于三点依据。

其一，运动技能学习是促进身心全面发展的有效载体。已有研究充分表明，运动技能学习是一个身心活动的高级过程，这一过程既有生物性改造的作用和效果，达到增强体质的目的，也能带来丰富的情感体验，促进学生心理健康发展。

其二，运动技能学习具有"一项多能"特征。事实上，每项已发展成熟的运动项目都是人类在开展身体锻炼与娱乐过程中所取得的优秀成果与宝贵遗产，包含着丰富的技战术内容，对于参与者的身心发展水平有着全面的要

求，在对其进行学习与锻炼时，也能对练习者身心发展起到整体的促进效应，这是运动技能学习"一项多能"的特征[87]233，而这一特征正是以推进青少年"切实掌握一到两项运动技能"促进学生素质全面发展功能的重要依据。

其三，运动技能的"个性化、专长化"学习是"全面发展"的持久动力。长期以来，"全面发展"是"个性发展"的基础的观点被普遍接受，但"个性发展"是保证"全面发展"的持久动力的规律却被忽视[89]。实际上，真正的"全面发展"所追求的恰恰是个性和卓越，要想在某一运动技能上形成专长，就必须去提升或弥补自身薄弱甚至缺失的各项素质，运动技能专项水平越高，各项身心素质的平均水平应随之提高。如果我们认为"全面发展"就应该面面俱到和无所不能，其结果只能是导致"全面平庸"，学生素质的整体水平不会很高。推进青少年"切实掌握一到两项运动技能"就是抓住"全面发展"与"个性发展"之间的辩证关系，促进学生身心健康水平持久、全面地提升[90]。

上述分析，说明推进青少年"切实掌握一到两项运动技能"，具有全面实现学校体育目标的可能性与必然性。

(2) 建立"运动信念"，增加"主动运动"，促进体质健康

青少年体质健康一直是受国家、社会、家庭、学校等多方关注的热点问题。现阶段青少年体质健康水平下降的最主要原因是青少年缺乏体育锻炼习惯，"主动运动不足"。因此，培养学生体育锻炼习惯，促进青少年主动参与锻炼，一直都是体育课程目标的重要组成部分。但体育锻炼习惯不同于动作习惯，并非不需要意志努力的自动化行为模式，而是无论在其形成过程之中或之后，始终都需要恒心和毅力，以坚定的运动信念克服自身的惰性和环境的阻碍[6]。因此，是否具有持久、稳定的运动信念是体育锻炼习惯养成过程中的中介变量，也是重要标志。相应地，无论采取何种体育课程模式，都应关注运动信念的建立。

已有研究认为，运动信念的建立是锻炼者从健身需要出发，在体育实践中不断深化体育运动对于增强体质、促进健康重要价值认识的基础上逐渐形成的[75]27。应该说，现有研究对于体育锻炼习惯与运动信念形成机制的认识具有科学合理性，对于体育锻炼的实践活动也具有一定的解释力，但其不足

之处是忽视了运动信念的多元化，将体育锻炼习惯的支撑力量完全归因于运动健身信念。已有的锻炼动机研究成果表明：体育锻炼动机贯穿于体育锻炼的始终，并非单一的、静止的，而是多样的、动态的，在青少年儿童阶段，参与体育的主要动机并非运动健身，而是享受运动乐趣[81]146-149，因此支撑青少年体育锻炼习惯养成的，主要不是运动健身信念，而是运动愉悦信念。

由上分析可知，让青少年儿童感受并不断强化运动愉悦感的认识，是建立青少年儿童运动愉悦信念的重要途径，也是体育课程设计的重要依据。松田岩男等通过研究进一步发现，不同年龄段的青少年儿童在感受运动乐趣的方式上存在差异：少年儿童早期主要是通过身体活动满足自身的好奇心，体验由运动引起的兴奋和愉快感；初中生和高中生则关注于提高技能、进行自己擅长的运动带来积极性情感体验[76]88-92。因此，从建立学生运动愉悦信念并促进体育锻炼习惯养成的角度出发，在儿童时期，即小学阶段，体育课程应安排多样化的身体活动，充分满足学生好奇多动的需要；进入中学阶段后，则应专注于运动项目选择的灵活性与运动技能水平的提高。推进青少年"切实掌握一到两项运动技能"更加关注以运动技能的提高强化青少年体育学习的成就感，按照学生兴趣选择运动项目并进行相对深入学习的组织形式，更有利于青少年运动愉悦信念的建立。如此，青少年体育锻炼习惯的养成指日可待，主动运动不足与体质健康水平下降的问题可迎刃而解。

（3）保证"过度"与"概括"练习，提高学习能力

长期以来，运动技能学习"低级重复"是我国学校体育教学过程中不争的事实，这也是"普通体育课"教学内容庞杂，各项运动技能教学时数严重不足带来的弊端。运动技能不同于言语知识，它的学习与保持高度依赖于小脑和脑的低级中枢，这些中枢比脑的其他部位有更大的保持动作痕迹的能量。运动技能学习与保持的这一特殊生理机制，一方面可以保证已经掌握的运动技能不易被遗忘，如学会了游泳和骑自行车的人，即使很长一段时间不再练习，也能轻松完成相关技能；另一方面为在脑的低级中枢留下"动作痕迹"，需要比言语知识的学习投入更多的练习时间，也称"过度练习"才能实现[91]。推进青少年"切实掌握一到两项运动技能"，通过增加每堂体育课中学生练习时间所占比重及练习次数，同时在一段相对比较长的时间内集中地

学习某一项运动技能，更加有利于运动技能尽快提升并长期保持。

当然，真正掌握一项运动技能，不仅是提高动作完成的熟练程度，更主要是发展运动技能在不同情境中的迁移能力。教育心理学研究结论表明，发展概括能力是知识技能迁移的前提。概括，是对同一类事物加以细致地分析、综合、比较，才有可能从中抽象出共同的、本质的属性或特征，然后根据一般的、共同的属性将某些事物集合起来[40]132。概括性程度越高，知识的系统性就越高，发生迁移的可能性就越大，也越灵活。学生的概括能力主要是在学科知识技能的学习过程中发展起来的，如近年来就有学者以体育知识技能学习促进概括能力发展为目的进行课程设计，如以运动力学原理为主题构建教学单元，将排球的挥臂击球动作（包含发球和扣球）、羽毛球挥拍击球动作（包含发高远球、扣杀球等）、投掷标枪的出手动作等运动技能学习编排在一起，构成鞭打动作原理学习单元[92]48，引导学生在完成上述运动技能学习的同时，充分领会并从原理上概括出鞭打动作的结构与方法。类似的设计还有蹬摆动作原理学习单元、抛体运行动作原理学习单元等。同时，部分学者以体育健身的原理与方法为主题设计教学单元，如快速力量发展的原理与方法、有氧耐力发展的原理与方法、灵敏性发展的原理与方法等。这种课程模式由于课程内容的组织形式很难涵盖全部运动技能学习内容，会破坏各运动项目教学的系统性而颇受争议，而且受单元教学时数限制，学生很难完成对多项运动技能的学习并获得深刻体验，通常情况下尚不能达到对运动规律产生抽象性、概括性的认识。另外，由诸多运动项目技能构成的教学单元在教学实施环节比较烦琐，这种课程模式最终并未被广泛采用。推进青少年"切实掌握一到两项运动技能"通过对某一运动项目中的各项技能在不同情境下的基本形态、变化形态、组合形态进行由浅入深的"专项化"学习，不仅有利于系统掌握运动技战术的结构与规律，也能概括出包括由动作轨迹、力量、速度、节奏、时机、空间等要素构成的基本运动原理，在遇到该项目甚至其他项目类似运动技能情境时，就会表现出强大的迁移能力，这正是运动技能形成的重要标志。

（4）强化"自我效能"与"社会规范"，培养健全人格

"立德树人"强调教育以树人为本、树人以立德为先，发挥学校教育对学

生健全人格培养的重要价值被摆到了新的高度。体育教育是学校教育的重要组成部分，它集身体活动、心理活动和情绪体验于一体，对人的身心发展发挥着其他学科无法替代的教育功能，是培养和发展学生健康人格的重要手段和途径[93]。

人格包含个体人格与社会人格。个体人格的培养包括个体的自立、自信、自尊、自制力、乐观等多方面心理特征，其核心是自我效能感的培养。因为自我效能感是个体对自身能否利用所拥有的技能去完成某项工作行为的自信程度，自我效能感高的人会积极乐观地承担富有挑战性的学习与工作任务。在面对障碍与困难时，确信通过自己的坚持与努力能够取得最终的胜利；即使一时失利，也更倾向于将失败归因于努力不足，而非能力不足，更加专注于目标任务，激发出更大的潜力。可见，自我效能感会对人们的行为选择、意志品质和情绪状态产生全方位的影响，决定着个体人格的发展。自我效能感的影响因素包括成败经验、替代经验、口头说服等多方面，其中个体自身行为的成败经验是最重要的自我效能感信息来源，多次的成功体验能够提高个体的自我效能感，反复的失败也会降低自我效能感，甚至出现习得性无助现象[94]。因此，在体育教学过程中努力让学生获得"切实掌握一到两项运动技能"的成功体验，是提高学生自我效能感的有效手段，也是发展个体人格的重要途径。绝不能让运动技能教学"蜻蜓点水"，无法真正掌握一项运动技能的"挫败感"让众多青少年学生逐渐厌倦并逃离体育课。一味降低难度、片面追求成功、"只玩不教"的游戏课不能成为解决问题的正确途径，因为依据成就动机理论，只有完成一定难度的任务才能让人体验到较高的成功感，"唾手可得"的成功并不具有这样的价值。推进青少年"切实掌握一到两项运动技能"正是克服上述弊端，保证运动技能学习的必要时间，逐步提升运动技能学习任务的难度，让学生在不断地进步中逐渐肯定自我。

社会人格的发展是个体接受社会规范、内化社会价值，将外在的行为要求内化为自身的行为需要，建构主体内部的社会行为调节机制的过程[95]407。由于青少年还未真正步入社会，主要是通过类似的教育情境而非真实的社会环境促进社会人格的发展。体育作为一种有特定组织和规范的身体文化活动，严格、详细的比赛规则是对公平、公正、诚实、守信、责任、奉献等社会规范的体现，体育课程因此被视为青少年社会人格发展的重要途径之一。但单纯"肤浅"的运动技术学习和"随意"组织的体育游戏并不能有效地引导学生认识、接受并践行社会规范，必须依托正式的体育比赛情境的丰富性、比赛结果的真实性以情感表现的强烈性，体育课堂对于学生社会人格的培养价值才能最大限度地发挥出来。因此，推进青少年"切实掌握一到两项运动技能"在学生系统学习某一运动项目的技战术，全面掌握项目的规则与文化内涵，积极开展专项竞赛活动并为学生社会人格的发展打下了坚实的基础。

推进青少年"切实掌握一到两项运动技能"作为学校体育改革的重要举措，对支撑其改革背后的学理依据进行充分阐释，有助于澄清人们对于改革方案的认识误区，能坚定各方推进改革实践的决心。在今后工作中，为加快推进青少年"切实掌握一到两项运动技能"，取得更大改革成绩，还需要重点解决运动技能教学在不同学段的合理安排与有效衔接问题；结合各项运动技能特征进行运动项目教学法的设计与创新问题；普通青少年运动技能等级评价标准的开发与研制问题；区域性青少年体赛事的组织与推行问题；针对体育特长生"大中小学一条龙"的选拔与输送机制问题等。

（二）推行运动技能论的现实困境

1. 落实运动技能论的政策压力

为加强青少年体育工作，增强青少年体质，享受运动乐趣，培养运动习惯，落实终身体育，教育、体育主管部门非常重视运动技能学习的基础性地位，先后下发了一系列重要文件（表5-1），从不同角度、层面强调青少年真正掌握一到两项运动技能学习的重要意义，构建促进运动技能学习的实施方案。

表5-1　强化运动技能学习相关政策文件

文件名称	发文时间	发文字号	相关内容
关于下发《体育传统项目学校管理办法》的通知	2000.7.28	体群字〔2000〕086号	传统学校是指开展学生体育活动形成传统，并在一个至两个体育运动项目技能上具有特色的中小学校

第五章　运动技能论：运动技能学习的学理困局

续表

文件名称	发文时间	发文字号	相关内容
关于印发《全国普通高等学校体育课程教学指导纲要》的通知	2002.8.6	教体艺〔2002〕13号	运动技能目标：熟练掌握两项以上健身运动的基本方法和技能；能科学地进行体育锻炼，提高自己的运动能力；掌握常见运动创伤的处置方法
《教育部办公厅关于开展"体育、艺术2+1项目"实验工作的通知》	2004.8.2	教体厅函〔2004〕33号	通过学校组织的课内外体育教育和艺术教育活动，让每个学生在九年义务教育阶段能够掌握两项体育运动技能和一项艺术特长，为学生的全面发展奠定良好的基础
《教育部关于进一步加强高等学校体育工作的意见》	2005.4.25	教体艺〔2005〕4号	大力推进体育课程改革。高等学校要认真落实《全国普通高等学校体育课程教学指导纲要》，进一步加大体育教学改革的力度，探索实现教学目标的科学方法和途径。要积极创造条件，努力实现以学生为本的"自主选择教师、自主选择项目、自主选择上课时间"的三自主教学形式，营造生动、活泼、主动的教学氛围；要进一步完善体育课程评价体系，使学生通过体育课程的学习，至少掌握两项运动技能，养成良好的体育锻炼习惯，有效增强体质、增进健康
《中共中央国务院关于加强青少年体育增强青少年体质的意见》	2007.5.7	中发〔2007〕7号	注重发展学生的体育运动兴趣和特长，使每个学生都能掌握两项以上体育运动技能
《教育部办公厅关于在义务教育阶段中小学实施"体育、艺术2+1项目"的通知》	2011.4.26	教体艺厅〔2011〕4号	通过学校组织的课内外体育、艺术教育的教学和活动，让每个学生至少学习掌握两项体育运动技能和一项艺术特长，为学生的终身发展奠定良好的基础

续表

文件名称	发文时间	发文字号	相关内容
《关于报送"一校一品"体育特色建设情况的函》	2014.1.30	教体艺司函〔2014〕1号	近年来,许多地区和学校因地制宜,依托本地教学资源,突出专项体育教学,让每个学生在学习期间至少学会两项体育技能,形成了"一校一品"的体育特色,有效提高了体育课教学质量和效果。为汇总各地"一校一品"体育特色建设工作情况,宣传、推广"一校一品"的先进典型和经验,为制订体育教师专项培训计划提供依据,请将近年来本地区中小学"一校一品"建设工作情况进行统计、汇总,并形成书面材料
《国务院办公厅关于强化学校体育促进学生身心健康全面发展的意见》	2016.4.21	国办发〔2016〕27号	体育教学要加强健康知识教育,注重运动技能学习,科学安排运动负荷,重视实践练习。研究制定运动项目教学指南,让学生熟练掌握一至两项运动技能,逐步形成"一校一品""一校多品"教学模式,努力提高体育教学质量
《教育部办公厅关于校园篮球推进试点工作的通知》	2016.8.11	教体艺厅函〔2016〕31号	到2020年,校园篮球项目得到大力推进,学生体育锻炼习惯基本养成,运动技能和体质健康水平明显提升,规则意识、合作精神和意志品质显著增强;学生熟练掌握一项至两项运动技能,逐步形成"一校一品""一校多品"教学模式,努力提高体育教学质量
《"健康中国2030"规划纲要》	2016.10.25		制定实施青少年、妇女、老年人、职业群体及残疾人等特殊群体的体质健康干预计划。实施青少年体育活动促进计划,培育青少年体育爱好,基本实现青少年熟练掌握一项以上体育运动技能,确保学生校内每天体育活动时间不少于1小时

续表

文件名称	发文时间	发文字号	相关内容
关于印发《义务教育学校管理标准》的通知	2017.12.4	教基〔2017〕9号	确保学生每天锻炼1小时，开足并上好体育课，开展大课间体育活动，使每个学生掌握至少两项体育运动技能，养成体育锻炼习惯。配齐体育教师，加强科学锻炼指导和体育安全管理。保障并有效利用体育场地和设施器材，满足学生体育锻炼需要
《关于新时代推进普通高中育人方式改革的指导意见》	2019.6.11	国办发〔2019〕29号	强化综合素质培养。改进科学文化教育，统筹课堂学习和课外实践，强化实验操作，建设书香校园，培养学生创新思维和实践能力，提升人文素养和科学素养。强化体育锻炼，修订学生体质健康标准及评价办法，丰富运动项目和校园体育活动，培养体育兴趣和运动习惯，使学生掌握一项至三项体育技能
《关于深化教育教学改革全面提高义务教育质量的意见》	2019.6.23		坚持健康第一，实施学校体育固本行动。科学安排体育课运动负荷，开展好学校特色体育项目，大力发展校园足球，让每位学生掌握一项至两项运动技能
《关于印发深化体教融合促进青少年健康发展意见的通知》	2020.8.31	体发〔2020〕1号	按照"一校一品""一校多品"的学校体育模式，整合原体育传统项目学校和体育特色学校，由教育、体育部门联合评定体育传统特色学校。教育、体育部门共同完善体育传统特色学校的竞赛、师资培训等工作。教育部门支持优秀体育传统特色学校建立高水平运动队，给予相应政策支撑。体育部门对青少年各类集训活动进行开放，接纳在校学生在课余时间参加，推动社会公共体育场馆免费或低收费向学生开放，促进学校体育水平提高

续表

文件名称	发文时间	发文字号	相关内容
《关于全面加强和改进新时代学校体育工作的意见》	2020.10.15		逐步完善"健康知识+基本运动技能+专项运动技能"的学校体育教学模式。教会学生科学锻炼和健康知识，指导学生掌握跑、跳、投等基本运动技能和足球、篮球、排球、田径、游泳、体操、武术、冰雪运动等专项运动技能

2. 推行运动技能论的现实困境

尽管运动技能学习一直作为学校体育的中心任务与重要载体，有关运动技能学习的内容选编与教学方法多种多样，但运动技能学习的质量却一直不尽如人意，不仅学生的基本活动能力较差，"十二年教不会一项运动技能"的问题更是长期存在，广受诟病。与运动技能学习面临"教不会"的严峻问题相伴而行的是关于体育课程一体化设计与体育教学学理研究成果较为薄弱，主要包括以下内容。

第一，运动技能的学习是一个不断发展、提高的过程，在不同年龄阶段应该有最适宜的内容与形式，通过不同阶段的有效衔接，层层递进，最终真正掌握一项到两项可以伴随终身的运动技能。但一直以来，普通学生运动技能学习的最终目标是什么？体育课程编制的逻辑依据是什么？目前所谓的"螺旋式排列"和"直线式排列"的依据又是什么？体育课程内容如何分类？其中每项运动技能的知识点需要多久才能真正掌握？等。这些都说明运动技能习得的学理及体育课程的排列理论尚不清晰，直接导致了体育课程"教不会"的恶果[96]。

第二，由于学生未来参加的体育内容是多样的和不确定的，为学生终身体育学习打下必要基础，体育学科一直向其他学科学习与借鉴，探索自身的"基本理论、基本技术、基本技能"，但在相当长一段时间内，对于与运动技能学习密切相关的"基本知识、基本技术、基本技能"的"三基"到底指什么，没有一个明确的定论，学校体育基本运动技能的课程内容体系一直是一个模糊的状态，以身体素质练习或者专项运动技术教学替代基本运动技能学习的问题普遍存在，学生可迁移、可组合的运动技能"组件"的储备非常有限，在学习更为复杂的专项运动技能时会面临更多的困难，那么选择合适的角度，从众多纷繁复杂的运动技能中提取共同元素，并根据中小学生设计具体的内容与形式，才能从根本上解决基本运动技能学习的问题。

第三，运动技能的种类繁多，特征各异，不同类型运动专项技能学习的过程、方法与评价设计的理论依据应有所不同。美国学者鲍尔顿依据是否需要根据比赛情境进行临场决断，将运动专项技能区分为封闭式和开放式运动技能，对于运动专项技能学习理论的研究奠定了重要基础。封闭式运动技能是指在做动作之前，能事先决定下一个动作要怎么做，不必对外在刺激进行调节，所有外在刺激都是静止的、封闭的，或者说，是基于无反应时的运动技能，学习的关键是强调技术动作的规范化、一致性、稳定性及不变性。例如，跳水、跳高、跳远、铅球、铁饼、高尔夫球、体操和花样滑冰等，都属于闭锁式运动技能。开放式运动技能的特征是随机性、不可预测性，不能事先决定如何做下一个动作，要根据外来刺激快速做出反应，快速的反应、判断、决策并采取合理行动就成为开放式运动技能教学的关键所在。比如，足球运球过人时，运球队员必须根据对手的站位、同伴的协防、过人的空隙等信息，合理决定如何突破防守队员。这一类运动技能，对外在刺激的反应速度是动作成败之关键，如足球、篮球、排球、羽毛球、拳击、美式足球等，统称为开放式运动技能项目。如何提高学生在开放式运动比赛环境中的临场决策与行动能力，成为决定开放式运动技能学习质量的关键，但长期以来，"去情境化"的教学与评价方式将开放式运动技能等同于闭锁式运动技能，出现了"篮球项目的教学过程与铅球项目的教学过程一个样""篮球技能水平评价不考虑位置分工、不看临场表现，只测单个技术"等问题，使得开放式运动技能教学效率低下，"十二年都不能真正学会一项运动技能""学生爱好体育但不爱上体育课"等怪象普遍存在。因此，如何做到真正从把握项目特征为出发点，以培养战术意识为先导，以比赛游戏为主要载体，注重发展学生对于项目规律的认知能力及学生参与学习的浓厚兴趣，达到提升整体运动表现的目的，必须继续深入对相关运动项目的"学理"研究，为保证集体球类项目教学过程与方法设计的科学性，从根本上提高开放式运动技能学习的效率与质量。

三、中层理论视域下运动技能论的梳理与补阙

基于上述分析，要真正贯彻落实技能论流派的指导思想，必须解决以下

四个方面的关键问题。

（一）大中小学运动技能学习一体化设计理论

构建大中小学运动技能学习一体化课程体系是长期以来体育领域的专家学者持续关注的问题，但时至今日，仍然缺乏涵盖全学段或者说学生运动技能学习全过程的有机衔接的课程体系，一个重要的原因就是缺乏有效指导课程设计的理论依据。因为无论是"大纲"年代，还是"课标"时期，对哪个学段该学什么、用什么学、学到什么程度，一直都未能给出科学、准确的定论，以至于部分学者甚至认为，运动技能学习没有逻辑，并不像语文、数学学科，知识技能之间有严谨的递进性，从哪里开始并不重要，各学段课程内容安排较为随意，由此出现了"前滚翻一滚到底""大中小学都在学习持球的基本姿势、踢球的基本动作"等匪夷所思的现象。但无论是有着丰富运动经历的体育爱好者，还是有着丰富教学经历的体育教师，都坚定地相信，运动技能学习一定有其自身的递进规律，每个年龄阶段有适合他们身心特征的运动形式、内容，甚至已经取得了一些局部的、实践探索成果，如通过竞技项目教材化途径，创造了快乐体操、趣味田径、快易网球、气排球、四门足球等实践探索成果，极大丰富了运动技能学习初级阶段的课程内容体系，激发了学生运动技能学习的兴趣，为掌握更高层次运动技能奠定了重要基础，但是终究还未全面揭示运动技能学习在不同学段应有的内容与形式的"窗口期"理论，为运动技能学习一体化课程设计提供必要的理论依据。

于素梅对运动技能学习的"窗口期"理论展开了基础性与方向性探索，认为运动技能学习的"窗口期"理论在目前尚属于一个填补空白的创新性学术观点，是指各专项运动技能学习开始的最适宜年龄阶段与存在形式，是体育学科课程建设的核心理论，指出运动技能学习"窗口期"理论的构建应该遵循人类动作发展从上到下、由近及远、由分解到完整的顺序性，人在不同年龄阶段认知发展的规律性、身体发育突增期、素质发展敏感期等基本原则，并提出运动技能学习的"窗口期"包含发展的"稳定性"、难度的"递进性"和功能的"叠加性"等特征[97]，但从根本上说，这只是提出了运动技能学习"窗口期"理论的基本框架，距离构建一个纵向衔接、横向一致、内在统一、形式联合的一体化学校体育课程，显然还有很大的差距，必将成为今后很长一段时期内体育教学理论与实践探索的热点问题。

(二) 基于"技术主题"的基础运动技能学习

1. 基础运动技能学习理论研究的现状与意义

那么,什么才是"基础"运动技能呢?如在语言学习的过程中,对拼音与字母的认知是"基础";识别音符、练习发声是音乐学习的"基础";阿拉伯数字和四则运算是数学学习的"基础"。更为复杂的知识都是由"基础"知识的演化、组合而来,因此在学习复杂知识内容之前,必须首先掌握这些"基础"知识。但这样一个显而易见的问题,却在学校体育教学过程中一直被忽略,基础运动技能教学总是处在随意的状态,有关基本运动技能的教学内容或是零散的、破碎的,或是与专项运动技能的教学相混淆,导致学生在基本运动技能发展的敏感期没有得到全面的、系统的、深度的发展,没能为其后学习更为复杂的操作性工作、生活技能,或者专项运动技能,提供足够的、可以产生正迁移效应的"基础组件",学生普遍表现出运动技能的学习能力较弱,动作的协调性、灵活性、规范性、经济性与实效性均较差。

运动项目纷繁复杂,其中所包含的运动技术、技能更是体系庞大,只有抓住了运动技能教学的"基础",我们才能准确定义基本运动技能的概念,进而构建具有内在逻辑、层次清晰、逐层递进的基本运动技能教学内容与方法体系。广泛应用于美国学校体育的"技术主题"同样以快乐参与体育和掌握身体活动相关的基础性技能为核心,以构建具有鲜明目的性、层次性的基础运动技能教学的目标、内容和方法体系为根本目的,对我国学校体育基础运动技能教学的理论与实践具有重要的参考与借鉴意义。

2. "技术主题"背景下基础运动技能学习理论的构建

1986年,美国学科教学专家舒尔曼(Shulman)针对职前教师不能以渐进、整体的方式对学科知识进行编排、设计与实施,孤立设置课程内容的问题,提出了知识基础的概念框架,以着力提升教师任职前学科教学知识培训的系统性[98]。随后,格雷厄姆(Graham)、霍尔特(Holt)、帕克(Perker)等体育教学专家以"知识基础"的相关理论与实践探索为指导,同时结合拉班(Laban)的"动作框架"及美国基本动作技能模式思想,开始针对体育教学、体育学习、体育知识与技能的特点，制定合理的、渐进的、系统的体育学科教学内容与方法体系，"技术主题"的体育教育应运而生[99]。

基于"技术主题"的体育教育流派认为，通过对复杂的身体活动进行合理地分析和归纳，可以提炼出一套基础性、规律性的动作模式，这套动作模式由"动作技能（Motor Skill）"和"运动概念（Movement Concept）"构成。其中，动作技能指出儿童所要进行和学习的动作，也可以说是儿童动作的分类；运动概念来自拉班（Laban）的身体、空间、力道和相关关系的理论，表明动作指向、力道、与其他动作的关系、器械使用等，可以看作修饰儿童动作的副词。每项动作技能以通用水平为标准，呈现出螺旋序列，最终构成一套完整的基础动作技能学习的内容与方法系统。

（1）动作技能

"技术主题"思想认为，如果学生尚未充分掌握基本运动技能，便开始教授其游戏、舞蹈、体操等复杂动作，那么学习的感受、效率和质量都会比较低下。只有首先注重对构成整体动作的基本运动技能学习，才是教会孩子有效参与各种运动的重要方法[100]。以篮球与棒球运动为例，人们在打篮球时主要运用投掷、接、跑、运球、跳跃及追逐技能，打棒球时主要运用投掷、接、击球和跑的技能，"投掷、接和跑"是这两种运动项目中共同使用的动作技能。因此，如果学生在学习篮球、棒球之前，就已经掌握投掷、接和跑等基本运动技能，学习质量和效率将大幅提升。推而广之，将各运动项目的基本要素提炼出来并加以分类、整合，就可以构成基本动作技能学习的内容体系（表5-2）。

①移动性动作技能：指身体在垂直或水平方向发生改变的动作，包含走、跑、跳、爬、滑步、跨步、闪避等技能。移动性动作技能发展的起始年龄集中在4~6岁。

②操作性动作技能：指徒手或通过器械控制物体的技术，包含大肌肉动作和小肌肉动作两部分。其中，大肌肉动作包括投、接、踢、运、打等动作，小肌肉动作则强调对工具的精细控制。操作性动作技能发展的起始年龄为3~7岁。

③非操作性技能：又称作稳定性技能，指身体为了对抗重力而保持稳定平衡的动作，如扭转、旋转、弯曲、伸展及引、提、推、拉等。稳定性动作技能是移动性动作技能与操作性动作技能的基础，大多与其他动作组合运用，

很少独立出现。

表 5-2　动作技能内容体系

移动性技能	非操作性技能	操作性技能
走、跑、跳、滑等	旋转、滚动、平衡、拉伸、卷曲等	投、运、接、踢等

（2）运动概念

运动概念是指身体运动的空间意识、力道和身体之间的关系，主要描述一个动作是如何执行的。运动概念包括以下内容（表 5-3）。

①身体意识（Body Awareness）：身体感知，从最简单的身体结构开始，如头、肩、躯干、臂、腿、脚等，逐渐发展到运动姿势，如俯、仰、波浪、扭、转等，最后再扩展到周围事物和其他人之间的感知。

②空间意识（Space Awareness）：指完成一个动作时空间的大小、路径、方向等。例如，方向包括前、后、侧、上、下、顺时针、逆时针；高度包括低、中、高；路径包括曲、直；范围包括远、近。

③力道（Effort）：物体运动的快与慢、重与轻、把握与失控等。

当学生掌握了"运动概念"特性，就能在运动中合理地运用自己的身体、器械，提高动作执行的合理性与实效性。

表 5-3　动作概念

空间意识	力道	身体意识
位置：半个空间和一个空间 方向：上/下、前/后、右/左、顺时针/逆时针 水平：低/中/高	时间：快/慢、短暂/持久 力道：强/弱 趋势：固定/自由	身体部位：圆（曲）、窄/宽、曲折、对称/不对称 凭借物体或身体：上/下、起/落、近/远、前/后、独自/协作、合并/分开、环绕、包围、旁边

（3）动作技能与运动概念的结合

动作技能和运动概念共同构成了技术主题。其中，动作技能是可以执行的动作，如打击、飞行、滚动等；运动概念描述如何执行动作及执行的要求，如迅速打击、缓慢飞行、顺时针滚动等。美国体育专家利用"转盘"模型来阐释在"技术主题"下动作技能和运动概念如何相互作用、相互结合。如图5-1所示，两个内圈代表动作技能，第一层内圈包含动作技能的三大类别：移动性、操控性和非操控性动作技能；第二层内圈包含了每类技能的分解，如跳和跑属于移动性运动技能，转体和滚动属于非操纵技能，球拍击球和运球属于操纵性技能。三个外圆代表运动概念并由外至内逐层细分，第一层外圆包含运动概念的三大类别，即空间意识（身体移动）、力道（身体如何移动）和身体关系；第二层外圆对三大类别的运动概念进一步细分，如空间意识细分为路径、方向等，力道细分为时间、力量等，身体关系细分为身体部位和同伴等；第三层外圈对第二层外圈中的相关概念进行了细分。在两个内圈保持不动，三层外圈通过顺时针、逆时针转动与两层内圈组合与匹配，这样，同一运动概念可以匹配不同的动作技能，如快速和慢速的概念可以分别应用于行进、滚动、运球等运动技能，也可以多类别运动概念同时匹配同一运动技能，如快速、慢速与路径、前后共同修饰运球技能，构成在之字形路径向前快速运球。"转盘"模型的旋转和组合赋予了基本动作技能学习的丰富内涵，最终构成了"技术主题"下的教学内容体系[101]。

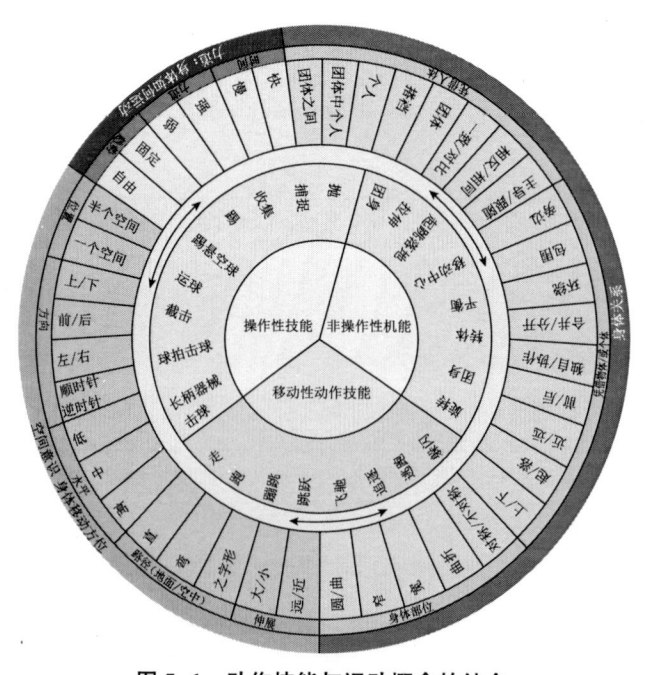

图 5-1 动作技能与运动概念的结合

3. 基于"技术主题"的基础运动技能教学设计

虽然将运动概念与动作技能有机结合就会产生形式多样、内容丰富的基础运动技能，但这并不等于可以立即展开的课程教学内容。只有找到每项主题技能从最简单到最复杂的任务、活动，并按照内在逻辑合理编排，才能为具体教学活动提供直接依据。图5-2以踢球为例，展示了踢球这一动作技能与不同运动概念结合后形成的由易到难的主题技能发展全过程。每项技能主题的教学过程都伴随着预备、控制、熟练和精通四个阶段。教学的预备阶段是为了帮助学生获得基本的身体和空间意识，要求学生主观能动地去探索；控制阶段是在静态中培养学生的身体控制能力；成熟阶段要求学生在动态环境、组合练习或是同伴练习中发展运动技能；精通阶段则是要求在任何环境下能够自如地运用技能。游戏、体操、舞蹈等复杂的运动能力需要对每个"技术主题"在不同背景、不同要求下大量重复练习、组合运用才能形成。

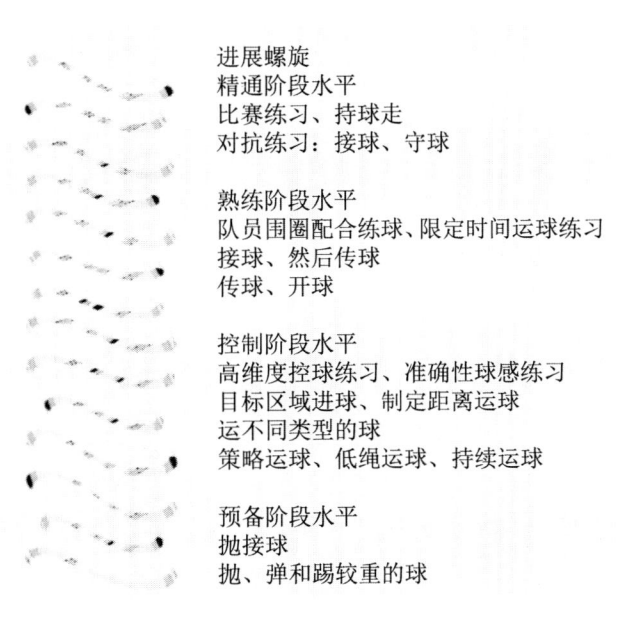

进展螺旋
精通阶段水平
比赛练习、持球走
对抗练习：接球、守球

熟练阶段水平
队员围圈配合练习、限定时间运球练习
接球、然后传球
传球、开球

控制阶段水平
高维度控球练习、准确性球感练习
目标区域进球、制定距离运球
运不同类型的球
策略运球、低绳运球、持续运球

预备阶段水平
抛接球
抛、弹和踢较重的球

图5-2 "踢球"技术主题的进展螺旋

通过上述分析，可知基于"技术主题"的学校体育基础运动技能学习课程体系具有以下特征。

（1）基础性

"技术主题"涵盖运动概念和动作技能两大要素，主要由各种运动项目中普遍存在的、最基础、最核心的动作元素所构成。因此，基于"技术主题"的美国小学体育教学始终围绕各运动项目共通的基础性动作展开，同时将动作技能与运动概念的有机结合，在运动概念的修饰下，每个动作技能得到了极大的丰富，已从理论与技术层面，形成一套完备而成熟的体系，为学生将来的体育参与打下良好基础，节省时间成本[102]。

（2）层次性

通过"车轮转盘"模型能够清晰看出，"技术主题"下运动概念和动作技能的分类具有很强的条理性和层次性。针对每个主题的运动技能教学都有对应的、层层递进的任务要求和教学目标，这种递进性主要通过由静到动、由慢到快、由弱到强，注重空间与路线的变化来体现。同时，也必然存在运动技能学习的预备阶段、控制阶段、熟练阶段和精通阶段等阶段性，再逐渐将投掷、追逐、重心转移、起跳落地等基本运动技能与篮球、足球、排球、橄榄球、舞蹈等专项运动项目结合起来，不仅体现出了"技术主题"下教学目标的递进性，也为终身运动技能的学习打下了坚实的基础。

（3）多样性

毫无疑问，多样性是"技术主题"教学最显著的特点之一。事实上，如果长时间专注于一个运动技能，却不通过引入一系列动作概念来增加体育教学内容的丰富性，具体教学过程必定贫乏而枯燥，很难顺利实施。通过"车轮转盘"模型可以看出，不断地将运动概念与运动技能旋转与组合，既丰富了体育教学的内容，也增强了教学的趣味性。学生掌握多样性的运动技能，自然能够应对终身参与体育活动的变化性。

（三）基于"程序教学"的闭锁式运动技能学习

总体来看，闭锁式运动技能学习的理论基础是巴甫洛夫的条件反射理论和斯金纳的操作主义理论，学习过程包括外界感知、本体认知、建立联结、技术定型四个阶段。由于闭锁式运动技能不受外界情境的影响，所以其关注点主要是技术学习的不断规范与熟练。如图5-3所示,闭锁式运动技能学习分为四个阶段:第一阶段是对外界信号的感知阶段,主要通过视觉、听觉、认知等感知运动技术的外部特征,表现为对教师讲解示范动作的认知;第二阶段是认知加工阶段,对所学技术进行结构、特征等因素的分析与整合,表现为学生对动作的理解;第三阶段是通过本体练习,强化信号刺激与反应之间的联结,建立初步的技术动作概念,表现为技术动作逐渐熟练;第四阶段是通过强化练习形成较稳定的、规范的技术动作,表现为完成技术动作的自动化。

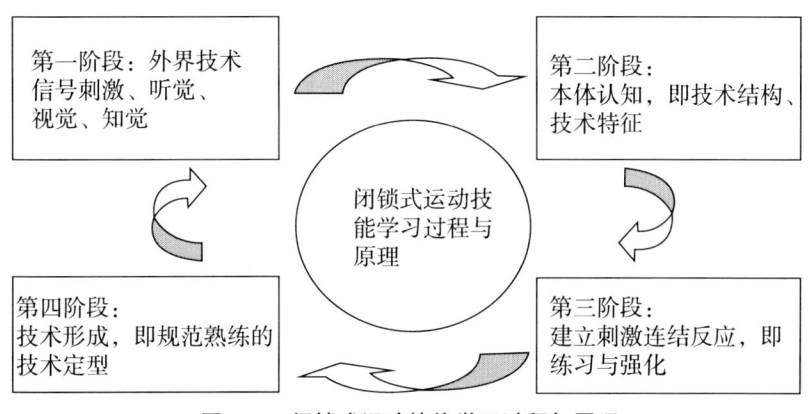

图5-3 闭锁式运动技能学习过程与原理

因此,闭锁式运动技能学习主要采用程序教学法,即先对影响闭锁式运动技能完成质量的关键环节,以及学生因为认知错误、身体素质差及技能储备不足等可能出现的错误进行分析,以此明确闭锁式运动技能的重难点,通过拆分"小步子"来设计教学步骤,层层递进,有效衔接,最终达到突破重难点,掌握运动技能的目的。运动技能学习的"小步子"拆分、串联得越好,学得就越轻松,掌握得也越牢固,总体上看,田径、体操、游泳等闭锁式运动技能教学过程的设计与实施已得到了实践检验,相对比较成熟,教学效率普遍较高,不做赘述。

(四)基于"领会教学"的开放式运动技能学习

1. 开放式运动技能学习理论

开放式运动技能教学的效率不尽如人意。依据开放式运动技能的概念分析，环境的变化性是开放式运动项目技能学习的核心要素，从外界环境变化到本体的动作技能应答，这个学习的过程与原理适用于任何开放性运动技能。因此，可以把开放式运动技能的学习过程归纳为本体感知、环境呈现、本体决策、本体应答行为四个阶段，这是完成开放式运动技能所必须经历的过程[103]。

如图 5-4 所示，我们以网球运动的正手击球为例，击球技能始于第一阶段对对手击球线路、落点、速度、旋转等要素的判断，以及对手防守站位等因素的感知与预判，这个环节虽然是内隐于联系着头脑内部的，却是开放式运动技能学习过程中非常重要的环节；第二阶段是对环境变化的感知与确认，也是各因素的显现过程，包括来球特点、对手站位等；第三阶段是根据对手及来球的外显特征做出决策；第四阶段的击打球过程是一个完整的开放式运动技能的执行过程。开放式运动技能学习所经历的这四个阶段不是孤立存在的，而是循环发生作用的闭环系统（Closed Loop Control System），越是优秀的选手越能够在最短的时间内预判环境、做出决策并采用最合理的技术完成击球。以往的开放式运动技能学习主要关注基本技术动作练习环节，割裂了开放式运动技能学习过程中的信息联系，削弱了其他三个阶段的学习，导致学生在实际比赛中往往表现出基本技术扎实，但应变能力较差的问题。可见，开放式运动技能学习不能是"去情境"的，不能主观认为学生只要熟练掌握技术，就能够自然而然地迁移到比赛情境之中，具体情境总是千变万化的，仅凭抽象概念和规则无法灵活适应比赛变化。因此，开放式运动技能教学的难点在于如何教会学生在不断变化的比赛情境中作出正确的决策并采取合理行动[104]。

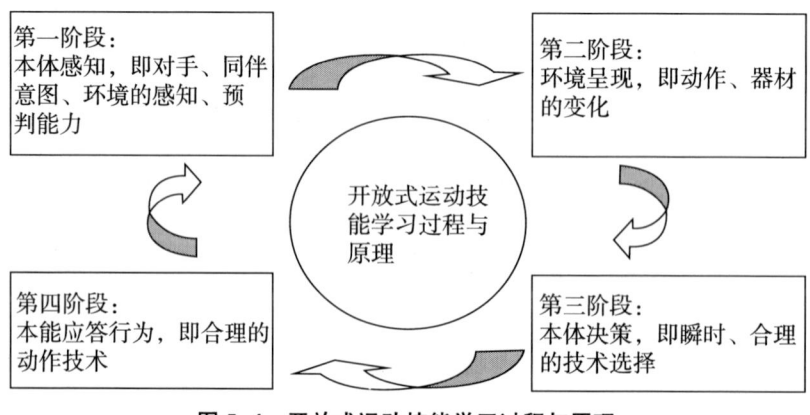

图 5-4 开放式运动技能学习过程与原理

2. 基于开放式运动技能学习理论的教学实践

（1）开放式运动技能的教学过程

20世纪80年代，英国洛夫堡大学的Bunker和Thorpe两位教授就开放式运动技能的重要代表——集体球类项目的"学理""教程"提出了自己的考虑，为开放式运动技能的教学实践提供了很好参考价值。其指导思想是从力图把握项目的整体特征与基本规律出发，认为对开放性运动技能，尤其是集体球类项目的教学应把运动项目的特性及战术意识，而不是技巧动作本身。作为集体球类项目教学的重点，强调以球类游戏和比赛为主要教学载体，促进学生学习比赛中的战术与技能，培养学生在各种集体球类项目比赛中解决问题的能力[105]。通过综合考虑集体球类项目规律、规则、战术、技术的学习与学生认知、能力、情感等目标的发展之间的关系后，集体球类项目的流程逐渐呈现出模式化特征，大致包含项目导入、比赛概述、战术意识培养、瞬时决断能力训练、技能执行、运动表现六个教学步骤。

①项目导入。根据学生的性别、年龄、运动基础、场地器材等条件，创设一些简单易行、学生力所能及，但同时又具有项目特征与乐趣的小型集体球类项目比赛或游戏，逐渐形成对集体球类项目的最初认识，感受集体球类项目的魅力与乐趣。

②比赛概述。通过观看录像、观摩比赛、教师讲解、学生讨论的形式，帮助学生在项目学习之初就对集体球类项目的整体特征、规律、看点、规则、基本技术等问题形成较为完整、清晰的认识，以利于学生自我学习目标与学习计划的制订。

③战术意识培养。战术意识是指队员在比赛中认真观察、分析场上形势，并积极运用各种战术手段，力争比赛胜利的自我意识，即是在战术思想指导下实施战术行动的自觉意识，是队员能够在比赛中做出正确决定的先决条件[106]。教师在集体球类项目游戏或比赛的过程中，及时发现攻防问题，组织学生思考、讨论，使学生在战术储备、战术观察、战术思维等方面的能力得以提高。

④瞬时决断能力训练。在学生具备一定战术意识的基础上，引导学生善于观察、思考场上不断变化的形式，并综合所学战术，做出决断——"做什

么?"以及"如何做?"[107]。在这一过程中,教师应鼓励学生根据实际运动情境做出适当决定并努力表现,允许学生因技能不足而导致的失误。

⑤技能执行。技能执行是对前一阶段临场决断能力培养的延续,因为除了"做什么""如何做","做得怎样"也是实现比赛战术目的的重要保障。如果"做得不好",再精妙的战术配合也达不到它应有的效果。因此,学生会在集体球类项目战术演练中,体会到掌握某些技术的必要性,有针对地、自觉地反复练习以达到熟练掌握的目的。教师可依据学生为参与比赛对技术学习产生的不同需要进行差别化教学,使技术学习尽量符合真实的集体球类项目比赛情境,以期达到学以致用的效果。

⑥运动表现。学生学习集体球类项目技术后,教师应让其通过反复练习和比赛来发展高质量、运用自如的运动技能,并力求与战术综合运用,进而提升比赛表现。正是在反复的集体球类项目游戏和比赛中,学生对于项目特性的把握、游戏规则的理解、战术素养的养成、临场决断能力的培养和技能执行的水平都得到了良好的发展。

(2) 开放式运动技能的教学评价

传统集体球类项目教学强调以"技术学习为中心",由此决定了教学效果评价的基本取向,加之无论在考评的内容还是形式上,对运动技术学习规范性程度的评价要较对整体运动表现的评价都更加简便、易于操作,广大体育教师更倾向于采用这种考评办法。但集体球类项目教学的关键任务是学生战术运用、临场抉择等比赛能力的培养,在对集体球类项目教学效果进行评价时,如果仍旧沿用传统集体球类项目教学技术考评体系,势必使教学效果评价的效度大为降低。因此,要客观真实地反映集体球类项目运动技能的教学效果,必须对评价的内容与标准作出调整。要努力反映学生的真实比赛能力,要尽量考评其在比赛环境中的运动表现,除了学生"技术表现",其"思考"也应纳入考评内容。例如,在集体球类项目比赛中,队员准确分析场上形式并作出向正确位置以正确方式传球的抉择,但由于技术掌握熟练程度不够,未能准确及时地将球传到接应队员脚下;或者是通过积极跑动吸引防守人,为同伴创造空当的进攻机会等,这些在传统集体球类项目教学考评中被忽视的考评内容,都应该通过新的集体球类项目教学效果评价体系体现出来。

新集体球类项目教学效果评价体系以 Griffin[108]、廖玉光[109]等研究结论为基础，选取回位、抉择、技术表现、支持接应、盯人防守、补位、调节、规则共八项观察指标，分别对每项指标的评定标准加以细化（表5-4）。

表 5-4 集体球类项目教学效果评价指标体系及评定标准

指标名称	优异	差劣
回位	在每次攻防转换之间能够及时回到场上合理位置	不能及时回位甚至经常忘记自己的场上分工
抉择	1. 在没有很好助攻或投篮时机时，运球推进寻找机会 2. 当队友出现空当时，及时分球 3. 当进攻机会出现时，果断投篮	1. 选择在不合理的时机传球或投篮 2. 错失传球机会 3. 因犹豫失去投篮良机
技术表现	1. 在运球推进过程中能保护好球并成功突破对手 2. 准确地将球传给同伴 3. 有威胁的投篮 4. 准确判断落点，以合理的方式接同伴传球	1. 未能突破对手且经常丢球 2. 传球落点与速度有较大偏差 3. 投篮准确性差 4. 接球失误
支持接应	1. 通过穿插跑动，吸引防守队员，为同伴创造进攻机会 2. 寻找空当，接应同伴传球	1. 错误跑位，将防守队员引到同伴进攻路线上 2. 被对方球员盯住，未能寻找空当接应传球
盯人防守	1. 不让对方球员运球突破 2. 不让对方球员移动到有威胁的位置并接到球	1. 被对方球员运球突破 2. 对方球员在有威胁位置接到球
补位	当同伴被突破或被摆脱时，及时补防有威胁的进攻队员	未能及时补防突破或摆脱同伴的进攻队员
调节	1. 根据战术安排调整个人的位置及攻防角色 2. 根据场上形式的变化及时调整个人的位置及攻防角色	1. 机械地固守个人在场上的位置 2. 不能准确理解战术安排或分析场上形式，位置调整具有盲目性

续表

指标名称	优异	差劣
规则	1. 清晰地理解规则 2. 按规则要求进行比赛	1. 不清楚规则内容 2. 比赛中经常违例或犯规

新的集体球类项目教学效果评价体系的建立，能更真实地反映学生的集体球类项目比赛能力，能帮助教师更全面地掌握集体球类项目教学已取得的成功与不足，也能更好激发与引导学生对于集体球类项目的学习兴趣，达到"以评促教""以评促学"的评价目的。

基于开放式运动技能学习理论的集体球类项目教学设计，侧重让学生对球类运动规律的领略、体会和理解，突出的是获得战术的领会[110]。由于战术素养只有在反复的真实比赛或逼近真实比赛的游戏中才能养成，教学比赛或游戏成为开放式运动技能学习的主要载体，要求教师在教学过程中根据教学目标创编大量蕴含项目整体或部分规律的球类比赛或游戏，对教师的创造性与整体性思维提出了更高的要求。如何根据教学目标及学生的身体条件、技术基础，对比赛的场地、器材、规则等进行合理简化，保证教学比赛情境既具有运动项目的整体特征，同时不超出学生现有的身心条件、运动技术水平，达到激发学生对技术学习的兴趣，提高技术学习的实效性的目的，逐渐从"未成形"的游戏发展到正规的体育比赛，需要相应的运动比赛情境设计的微观层面理论指导。

四、结语

运动技能学习是实现体育教育目标的重要载体。运动技能被称为操作性知识，是最具学科特性的知识。准确把握运动技能的基本特征、内在逻辑与学习规律是开展体育课程与教学设计的前提。受竞技训练思维的影响，运动技能教学过程成了缩减版的训练过程，运动技能学习过难、过细、过繁的问题异常突出，运动技能学习质量普遍低下。加强普通青少年儿童运动技能学习规律研究，应该从运动技能分类、运动技能特征、运动技能发展的逻辑关系、运动技能认知过程、运动技能的教学过程等问题依次展开，在近年来国外基础运动技能与开放式运动技能学习规律研究的基础上，大胆进行实践探索，形成适合我国学校体育课程教学实际的理论与方法体系，重点解决运动技能教学有效衔接问题、运动项目教学法的设计与创新问题，以及普通青少年运动技能等级评价标准的开发与研制问题。与此同时，加强对区域性青少年体育赛事的组织与推行，体育特长生"大中小学一条龙"的选拔与输送机制等问题的研究，是运动技能流派创新发展过程中不可回避的关键环节。

第六章
运动文化论：学校体育中层理论研究的典范

在学校体育中层理论建设总体薄弱，各学校体育流派理论体系的成熟度与实践力普遍较低的大背景下，诞生于日本学校体育的运动文化论以完善的理论体系、严谨的逻辑自洽性及广泛的实践影响力，为各国学校体育理论与实践探索树立了一个良好的典范。分析运动文化论理论与实践发展的过程，特别是以中层理论建设贯通指导思想与改革实践的思路与方法，可以为学校体育中层理论研究提供宝贵的参考模板。

一、运动文化论的核心思想

运动文化论是以一线体育教师为主体，以民间研究团体为主要组织形式，历经半个多世纪、百余次研究大会留下的宝贵成果。"二战"后的日本教育改革受当时美国经验主义教育思想的影响，选择了"生活化"的方向。在这一背景下，学校体育领域开始努力探索，研究如何把杜威的"经验再构成（Reconstruction of Experience）"具体到体育课程教学中去，实现"生活"与"体育"的统一，并由此积累了大量与"生活体育"相关的理论与实践研究成果。但自1954年以后，日本学校教育所倡导的地方自治、民主平和的主基调被否定，"生活体育"改革被批判为奉行自由放任主义、心理主义、现实适应主义，过于溺爱学生，导致运动技能教学缺乏系统性，低水平重复，运动量不足，组织纪律涣散，"实为被美国奴役下的学校体育"，教育立场由"全面发展""机会均等"转变为以国家利益、财团利益为重。国家加强了对教育制度及内容的管理,极力宣扬学校体育的主要任务应是有效增强体质,系统教授运动技术,培养组织纪律性。

专权的教育体制引起了民间体育研究团体的强烈反弹,纷纷高举"国民教育运动"大旗,竭力维护"生活体育"探索的成果。1960 年 3 月,日本的丹下保夫教授做了一场主题为"生活体育是什么"的学术报告,旗帜鲜明地继续坚持"生活体育"论的精华——以全体学生和广大民众的利益为己任,坚守民主主义的信念,培养爱好和平的公民。与此同时,对"生活体育"的先天不足进行了反思,提出应从运动文化的立场探讨体育的本质,即体育是以运动文化为媒介的教育,标志着运动文化论的正式诞生。1960 年 10 月,丹下保夫教授发表《学科体育的本质何在?》一文,再次对运动手段论的体育课程观予以批判,认为"不过是从国家与财团利益的角度设定教育的目标及要求,片面地强调学生体质以及社会适应能力,是对体育本质的抛弃",进而强调固守自身本质的体育课程应该是满足人们在身体方面的运动欲求,体验并掌握由运动欲求催生出的运动文化,因此体育是以追求运动文化为目的的教育。体育课程的任务主要包括:①让每个学生切身体验到运动文化的魅力,唤醒每个人与生俱有的运动欲求;②制订促进学生掌握、提高运动文化(尤其是运动技术)的计划;③让学生认识到探索运动文化的价值;④让学生领会到如何在现实生活中探索运动文化的方法,鲜明地提出了运动文化论的主旨思想和行动口号[111]65-67。

其实,运动手段论与运动文化论的核心观点并无绝对的对错。现代课程论的重要代表泰勒(Ralph Tyler)在《课程与教学的基本原理》中指出,如果要对教育目标作出明智的选择,就必须考虑学科的逻辑、学生的心理发展逻辑,以及社会要求三方面的因素。不同时期、不同群体对这三种因素的强调程度不同,便构成了不同的课程主张或不同的课程流派,历史上最具影响力的包括学科中心课程论、人文主义课程论、社会再造主义课程论三大课程流派。丹下保夫教授所批判的运动手段论代表了国家与社会的需要,可以划归社会再造主义课程论,而其推崇的运动文化论则更倾向于学生健全人格的形成,代表广大民众的利益,属于人文主义课程论流派,二者的差别只在于课程流派的提倡者对于社会、学生、学科三方面课程因素侧重程度不同,都有其现实与理论基础,可见,若只停留在理念层面的"争吵",很难有一个明确的结论。同时，泰勒（Ralph Tyler）明确提出，任何课程理论最终需归结为四个最基本的问题：①学校应努力达到什么教育目标？②提供怎样的教育经验才能实现这一教育目标？③如何有效地组织这些教育经验？④如何确定这些教育目标是否达到[112]？这其中除了课程思想、目标问题，更多是关乎课程思想"落地"的内容选编、方法设计与评价标准等问题，因此必须加紧对各课程流派实现规律与机制，即学校体育中层理论的研究，为课程设计与实施提供支撑理论，切实推动学校体育改革实践的发展。

二、中层理论视域下运动文化论的梳理

丹下保夫教授分别于1961年、1963年出版了《体育原理（上、下）》与《体育技术与运动文化》两部著作，着重阐释运动文化与人格形成的关系，主要内容包括：生活方式的变化与竞技体育（Sports）；国家主义（金牌大战）、职业主义等运动文化异化的问题；运动文化的继承与发展；业余主义、人民（国民）大众的竞技运动形态；运动文化的多样特征；运动文化与新的技术指导理论；体育教师的使命等[113]。显而易见，丹下保夫教授不仅完成了对运动文化论的背景、内涵、目标等宏观问题的全面分析，还同时注重对运动文化的多样特征、内在构成、育人机制等支撑理论的系统阐述。

（一）课程内容与教材的选编

选编"运动文化论"的课程内容，必须明确"运动文化"是"教什么"，以及"用什么教"。

首先，丹下保夫教授在《学科体育的本质何在？》一文中就"运动文化"的主要特征进行了分析，具体包括：①以运动技术与体能为主的竞技；②追求动作的完美；③有相对固定的规则；④运动技术与当事人身体同在；⑤在规定的场所（空间）内进行；⑥有相应的伦理规范（公平竞争、遵守礼仪）。后经过数十载的艰辛探索，学校体育研究同志会于1993年出版了《为体育实践注入春风——开创以"课程内容"为轴心的体育实践》，进一步指出运动文化论视域下，构建体育课程内容体系的"三根支柱"：①"运动文化的发展"论（运动文化发展史论、运动文化与社会、运动文化的社会条件等）；②竞争/

胜败（Competition）（运动文化的特质Ⅰ）；③技能、技术、战略、战术（运动文化的特质Ⅱ，含运动技术学为中心的自然科学方面的内容)[58]74-78，比较全面地回答了"运动文化论"应该"教什么"的问题。

其次，丹下保夫教授还提出应正确处理"教什么"（课程内容）与"用什么教"（体育教材）之间的区分与对应关系，因为人们往往将这二者混为一谈。比如，总是习以为常地将篮球、足球、排球、武术、游泳等诸多运动项目作为体育课程内容，并未意识到这些运动项目本身只是体育课程学习的素材，只有依据特定的课程理念与教学内容进行选择、取舍，甚至改造，才能形成有价值的体育教材体系。构建运动文化论的体育教材体系，就应始终坚持"学生应该理解、掌握的运动文化"的内容主线，从成千上万种运动项目及运动项目学习的运动训练、体育教学、课余体育等多种形态中选编出真正体现"运动文化"的体育素材。

最后，在澄清"教什么（课程内容）"与"用什么教（教材）"关系的基础上，出原泰明提出了使"运动文化论"课程内容构想得以具体化的课程方案。出原泰明指出，社会学教师为了让学生理解"民众的力量"及"社会发展历史规律"（课程内容），会通过"法国大革命"（教材）的经典史料进行阐述；物理老师在教"杠杆原理"（课程内容）时，会选择撬棍、筷子、天平等作为教材；体育"课程内容"与"教材"也应有这样清晰的区分与对应关系，如表6-1所示。

表6-1　体育课程内容与教材对应关系[114]74-78

想教的内容（课程内容）	相应的材料/素材（教材）
人类的智慧与技术发展史	跨栏跑
Sports的传播与引入、在本国的发展	英式橄榄球与美式橄榄球
英国资本主义的发展与Sports	篮球
日本文化与国际化	剑道与柔道
科技进步与Sports	撑竿跳、游泳
什么是竞争	快速跑
战略/战术	简化橄榄球
技术的分析/综合、体系性	器械运动

（二）"中间项"理论

丹下保夫教授的体育本质观是以运动文化为媒介的教育，体育课程引导每个学生体会、享受运动文化的无穷魅力，认识追求运动文化的价值，发现探索运动文化的途径与方法。运动文化蕴含在竞技运动（Sports）、余暇活动、游戏、体操等运动项目之中，其核心是运动技术。但由于普通学生的学习需要、身心条件、运动能力与正式的运动文化（技术）之间存在一定的落差，若要使每个学生乐于参与并真正体验到运动的乐趣，获得公平的运动教育，一是要选择"提高学生兴趣的（运动）技术的内容与方法""遵照学生的主体性需要对原有运动文化的样式及规则进行相应的改造，必须设计出不是成人的，而是学生的文化形式，才能使运动文化遗产（竞技运动项目等）在完善学生人格方面切实发挥作用"；二是"保证学生最乐于参与其中的同时，也不应当丧失 Sports 的本质，处于正规比赛与基础练习的衔接处"，由此，为使"每个人都能平等享受到运动文化""每个人都能快乐地参与其中"的教育理念成为可能，为运动文化论的全面展开做好"用什么教"的准备，基本形成了运动文化的"中间项"理论[111]65-67。

依据"中间项"理论，要先分析"提高学生兴趣的技术内容"，如"排球运动中最吸引学生的基本技术学习是连续对攻（Pass-rally）""篮球运动是投篮""器械体操乐趣在于紧张感（Thrill）"等，进而以"不丧失 Sports 的本质"为前提，通过简化规则、降低要求，构建了各运动项目的"中间项"，如排球运动的"传球比赛""对攻比赛"，篮球运动省略运球环节的"橄榄球式篮球赛"，足球运动允许用手接球的"手球式足球"，器械体操的"组合套路"等，创造出适合普通学生的运动文化形态。可以说，"中间项"理论是学校体育研究同志会以运动文化论的核心思想为指导，结合学校体育现实问题执着探究的产物，成功地解决了体育课程教材体系的问题。

（三）运动技术传授体系

"教什么（课程内容）"与"用什么教（教材）"关系的澄清，以及"中间项"理论的提出，解决了运动文化论推行过程中课程内容与教材设计的问题，形成了"适合学生主体需要的"运动文化形态，接下来需要考虑的是

"适合学生主体需要的"教学过程。

　　学校体育研究同志会站在真正体会、享受运动文化，完善人格教育的立场，思考运动文化的指导方法问题。丹下保夫教授等认为传统的教学指导方法受"要素主义"的运动技术观的影响，实际上未把学生看作"完整的学习者"，如传统的球类教学指导，只是机械地强调单一技术的练习，并以传、运、投等单个动作完成质量作为评价球类运动学习效果的依据。但事实证明，"从局部到整体"的教法并不能教会学生"打球"或"踢球"（比赛），深刻学习、领会运动文化的教学目标无法实现，全面发展的育人目标更是空谈。得益于苏联认知心理学家维果茨基"以思考为中心"的心理学研究成果及"教育内容的现代化"运动，体育同志会提出，把学习对象分解为要素的方法无助于把握运动文化的整体，寻找具有思考对象全部特性的最小"单位"并将其作为主要的分析、学习对象，才是更为科学的方法，教授运动技术时，与其从"要素"入手，不如从"单位"入手。在这一思想的指导下，学校体育研究同志会开始了对于运动文化"最小单位"的探索。代表人物荒木丰将每个学生都应体验、掌握的运动文化的最小单位——"运动文化的基础（运动）技术"界定为：有趣、易学、具有一定的运动量，从最初练习到最终提升过程中发挥实质性作用的运动技术。围绕"最小单位"开展运动文化的学习与指导，从根本上改变了以往单纯教授传球、射门或前滚翻、翻上等单一动作的做法，创造了蝶泳腿蛙泳、球类运动的二人配合、连续滚翻等经典体育教学范例，逐渐形成了运动技术传授体系[114]74-78。

　　如被誉为运动技术传授体系研究的"夜明珠"——蝶泳腿蛙泳，就是对游泳教学过程中最核心单位的提炼。时为中学体育教师的中村敏雄，对传统的游泳教学中"熟悉水性的游戏—漂浮—脸浸入水中"的教学过程提出质疑，认为游泳与陆上项目不同，"会游泳"实质是呼吸、漂浮、滑行三者的有机统一，教学过程应按照先会呼吸后会漂浮，之后会滑行层层递进，相应地，应该首先给初学者教会最易学、最有效的技术动作。中村敏雄等人以这一发现为起点，经反复实践与论证，最终创造了"蝶泳腿蛙泳"的教学范例，并很快成了日本中、小学游泳教学的蓝本。

（四）集团学习理论

　　运动技术传授体系理论的创立，极大促进了学生对于运动技能的掌握，但运动文化论的目标与内容体系决定了其学习指导理论不仅包括"学会",更要在"理解""思考""创造性""全体性"等方面下功夫,实现"会与懂的统一",并通过学生主体性的、探究性的运动技术学习理解运动文化的内涵,培养学生创造新文化的精神和能力,从而达到以体育培养人格的目的。反之,如果运动文化论所宣扬的人文精神与民主意识的培养在教学过程中无所体现、无所依存,则"运动技术学习体系的跛行"问题无法避免。为此,学校体育研究同志会着重从"民主态度培养"与问题解决学习的衔接点入手开始探索,提出学校体育若要承担起培养在未来社会具有民主意识的变革者,必须在体育教学过程中突出学生自主性、自发性活动,大力推行有充足"协商"时间的集团学习,实现"技术与集团的统一",同时认为"集团质量的提升,其实并非体系的运动技术学习的分外之事,在学好技术本身之中蕴含着使人获得民主性变革的因素"[58]157-158,由此提出"集团学习"理论。

集团学习早在20世纪40年代就曾出现,多为按照能力进行的同质集团(同质分组),是班级授课制的一种辅助形式,主要是为了更有效地增强学生体质或提高运动技能。运动文化论下的集团学习理论则提出以运动技术学习为主线,借助集团学习的力量,以问题解决的学习形式,在"会技能""懂知识""全员进步"的同时,积累集团学习经验,培养民主精神,推动运动文化的变革。集团学习研究的权威人物出原泰明认为,无论是从强调学习效率,还是从培养社会性及人际关系的角度,都应尽可能采用异质集团(异质分组)的形式,鼓励运动技术学习方面的"优等生"与"后进生"搭伙(结对子),应该摈弃传统思维中"后进生"与"优等生"结对子以后,"后进生"可能会拖累"优等生"的错误观点,要认识到"优等生"与"后进生"共有的教学内容实为运动技能学习过程中出现的各种"错误"。因为按照教学论的解释,学生的学习过程实则是克服已有知识与未学知识之间矛盾、现有能力水准与期望能力水准之间矛盾的过程,出现错误或挫折在所难免,但"错误"的出现不一定是坏事,反倒是学生掌握新内容过程中具有能动意义的积极因素。体育教学中运动技能提高的过程,实际上就是集团成员之间相互分析"出错"的原因,共同找到解决措施的过程。出原泰明以体操技巧运动中的侧手翻为例,同一个教学班中,动作完成质量不同,有的干脆利落、舒展大方,有的拖泥带水、弯腰屈膝,有的则干脆翻不过去……"差异"的出现,提供了学生更多观察、比较、体验、理解的机会,"错有错的原因,对有对的道理",让每名学生更深入透彻掌握了侧手翻的原理及技术要点。正是在这一过程中,教师将"差异""错误""各种高招"清晰地呈现给学生,让"会的状态"与"懂的状态"不同的学生协同学习,不同个性学生之间的交流与冲突,创新精神、民主意识、健全人格的发展找到了最适合的平台[114]77-81。

三、运动文化论中层理论建构的启示

在"运动文化论"的建构与推广过程中,虽然仍然存在对运动文化的内涵及传承机制等问题的质疑与批判,但是毋庸置疑,运动文化论在以推动课程理念传播与课程实践落地为最终目的,以中层理论建设为基本思路,形成包含"指导思想—中层理论—实践方法"三层次网络结构的理论体系,不断提升理论体系的完整性、自洽性与现实指导力方面所作出的巨大努力,应该成为其他学校体育流派的楷模与典范,对更好地开展学校体育中层理论研究提供了重要启示。

(一) 始终具有强烈的问题意识

学校体育中层理论研究需要始终具有强烈的问题意识,努力打通教学思想、理念向具体教学实践转化过程中的理论"堵点"。运动文化论作为一种以追求运动文化的继承和创造为目的的全新学校体育构想,为构建出一整套与之适应的课程内容与教学方法体系,学校体育研究同志会先后通过体育课程与教材理论处理好运动文化与运动项目之间的选择关系,通过中间项理论处理好正式运动文化(技术)与普通青少年身心条件之间的落差关系,通过运动技术传授体系处理好"要素主义"运动技术观与"完整的学习者"之间的偏移关系,通过集团学习理论处理好运动文化传承与完善人格培养的统一关系,步步推进,终于完成了运动文化流派下课程设计与实施必要的理论准备。与之相比较,我国学校体育指导思想贯彻、落实不力,在很大程度上正是因为长期停留在理念层面的"争吵",缺乏向课程实施纵向推进的意识与决心,如体质与技能之争、知识与能力之争等,在不同时期都会以不同的冲突形式引起人们的反复争论,却始终不能深入探讨、系统构建学生体质或技能发展的基本规律与实现机制。因此，各学校体育流派应借鉴运动文化论的成功经验，以宏观理念为指导，结合课程内容、教材、教法研究的现实需要，查漏补缺，不断完善自身中层理论建设，以此达到厘清思想、甄别理论、规范方法的目的，不断将学校体育课程改革推向深入。

（二）多层次研究者构成的学术共同体

学校体育中层理论研究需要形成由多层次研究者构成的学术共同体。运动文化论为学校体育理论与实践的发展留下了丰硕的研究成果，在宏观理论层面，运动文化论以"国民运动文化的创造"为指导思想，"让所有青少年及国民成为运动活动的主人公"（培养运动文化的主体）为最终目标，已波及体育哲学原理、体育社会学、体育伦理学等多个领域，形成了对体育本质论的独特认识。在中层理论层面，创建了体育课程与教材论、中间项理论、运动技术传授体系、集团学习等多方面理论，为贯彻"运动文化论"，指导具体实践起到重要的支撑作用。在体育教学实践层面，奉献了如"蝶泳腿蛙泳""插秧跑""8s跑""目标跳远""折返跑""足球的心电图"等许多经典体育教学范例。

理论研究的层次不同，主要的研究方法也就不同，进而对研究者的知识能力结构提出不同的要求。宏观层面的理论研究需要宽广的基础学科理论以及熟练的演绎推理能力，微观层面的经验总结需要有丰富的直观经验及一定的概括归纳能力，中观层面的理论研究则是既需要从总的思想理念向专题理论进行演绎推理，也需要对大量的、第一手的实践素材进行归纳提升，最终才能形成兼有理论抽象性与实践指导性的中层理论。但在我国学校体育研究领域，理论研究者往往缺乏足够的实践体验，存在"清思玄构""坐而论道"的倾向，一线体育教师对学科基础理论与科学研究方法掌握得不够扎实，存在"经验主义""简单重复"的问题。反观运动文化论，其理论与实践成果的取得既归功于丹下保夫、出原泰明等著名学者在学校体育基本走向问题上的"高屋建瓴"，也得益于广大一线体育教师在实践经验层面的"辛勤耕耘"。可见，学校体育理论与实践研究人员之间并没有不可逾越的"鸿沟"，理论研究者可以直接从事体育教学实践活动，并非仅从其他学科理论直接演绎体育教学规律与工作机制。一线体育教师需不断加强理性认识能力，主动对体育教学经验进行归纳提升，学校体育的理论研究者与一线教师形成学术共同体，共同推动学校体育教学理论与教学实践结合、交融，实现中层理论研究的快速发展。

（三）长期渐进的研究过程

学校体育中层理论研究需要经历一个较为长期的渐进性过程。运动文化论自20世纪50年代提出以来，历经半个多世纪、百余次研究大会，才大致走完从萌芽到成熟的发展历程，学校体育研究同志会的同人在构建、完善、推行理论体系与实践方法的道路上勤勉务实，笃力前行。如前所述，运动文化论的研究过程，特别是中观层面的理论研究正是经历了一个收敛的、渐进的、螺旋的，同时也是长期的发展过程以后，才逐步发展成熟。反观我国学校体育领域，自第八次体育课程与教学改革以来，一些理论研究者不注重对原有教学理论的发展完善及对当前教学实践的总结，却只求标新立异，在其言论与文章中频频出现一些含混模糊的"说法"，这些"说法"不以既有的教学理论为基础，却以冲破传统教学理论的"束缚"为己任，往往与传统教学理论呈现出"两极化"倾向。久而久之，学校体育领域就会出现一种虚浮的研究风气，不考虑学校体育改革进程的复杂性、长期性，缺乏通过较长时间进行反复试验、检验、推广的耐心，总想一蹴而就，却从来没有就如何提升原有教学理论体系的完整性、科学性作长期努力的准备。运动文化论的理论建构与教学实践过程提醒我们，在学校体育课程改革进程中，虽然新颖的教学理念总是让人激动，但最终能促进学校体育教学改革发展的理论假设，往往是在原有理论逻辑架构的基础上，经历一个长期、渐进过程发展起来的一系列专题问题的研究成果。

四、结语

我国学校体育实践曾长期处于仅注重经验概括，制定工作规范的经验探索时期，也曾经历过各流派学校体育思想"主张"盛行而漠视"支撑理论"的实践盲动期。始于21世纪之初的第八次体育课程与教学改革，强调践行"健康第一"思想的科学依据，理论准备不足问题逐渐凸显；在全面深化教育改革的内涵发展时期，学校体育需要更加科学、集约的理论指导，对学校体育中层理论研究的内在需求也不断增强。将中层理论思想引入学校体育研究领域，加强人们对于学校体育中层理论研究价值的认识并提供方法论依据，为取得更为丰富的学校体育中层理论研究成果奠定必要基础。运动文化论的理论与实践者虽未明确提出学校中层理论研究的概念，却暗合中层理论的理念与方法，以完善的理论体系、严谨的逻辑自洽性及广泛的实践影响力，为我国学校体育理论与实践探索树立了一个良好的典范。分析借鉴运动文化论从理念传播到实践推广的思路与方法，为我国学校体育中层理论研究提供宝贵的参考模板，可以进一步发挥学校体育中层理论依托宏观、驾驭微观，指导实践科学发展的重要价值。

第七章

快乐体育论：内涵认识与实践方法的偏差

改革开放40余年间，伴随着经济社会发展，学校体育领域相应发生了一系列复杂而深刻的变化，出现了诸多具有代表性的指导思想与实践方案，对学校体育的改革发展产生了持久而深远的影响，"快乐体育"就是其一。

一、快乐体育论的思想内涵

20世纪60年代初，日本政府为在战后重建的基础上，进一步刺激国家经济发展，出台了《国民收入倍增计划（1961—1970）》，"工作第一"或"为了工作而休闲"成为日本民众共有的价值观念。学校教育在"产业化社会"的大背景下，以培养适应经济建设的优秀劳动力为核心任务，注重对"学力"和"基础体力"的培育。20世纪70年代初，石油危机、贸易摩擦和环境污染等问题日益突出，为实现经济的可持续发展，日本社会开始向信息技术和服务业等产业转型，进入了"后工业社会"时代。"后工业社会"时期体力劳动强度相对较低，余暇增加，同时痛感于产业社会时期"人际关系疏远""文明病""自杀""过劳死"等痼疾，日本民众观念逐渐转变为"工作与余暇生活同等重要"或"为了休闲而工作"，运动（Sports）不再被看作"玩物丧志""不务正业"，而是作为终生休闲方式受到了人们的普遍关注。在此背景下，日本全国体育研究协议会（以下简称"全体研"）开始对学校体育依然沿袭"身体的教育"或"通过运动的教育"等"运动手段论"的合理性进行反思与批判，并重新认识"后工业社会"时期运动的价值与意义。以竹之下休藏为代表的全体研同人认为，在"后工业社会"时代，人们不再是生产线上的附庸，也不应成为高强度社会生产中异化的人。相反，发达的社会生产力，充足的闲暇时间，给予了人们全面、自由、自主发展的可能，人们正式从自身的内在需要出发参与、从事各种社会活动，这其中便包括体育运动。

全体研借助胡伊津哈（John Huizinga）的游戏论阐释了人们渴求自由、自主参与运动的存在依据与实践方法。胡伊津哈认为，"人为什么游戏？"，并非为消耗过剩能量，解除工作带来的紧张感，或是为将来的生活做准备，谋求种族发展等"将游戏作为一种手段对待"的其他原因，人参与游戏完全是在自主的、非真实的、有规则的过程中去体验自由感、紧张感和乐趣感，是"动物性"本能的自然流露，就如小狗间的嬉戏、赛跑，鸟类之间相互展示飞翔技能[115]，同理，人类只有自由、自主地参与运动才是符合其原始本能的、真正"快乐"的运动方式。日本工业社会时期高强度、长时间的工作不能给予这种"本能"释放机会，将运动作为促进学生社会化发展的手段和工具，忽视学生"自由、自在、快乐地"参与运动的需求，学生普遍产生厌倦和反感心理，"喜欢体育运动，不喜欢体育课"。在"后工业社会"时期，具备了依据人的本能欲求自由参与运动的主客观条件，学校体育的指导思想要相应发生转变，应关注学生参与运动的个体需求，以"触及运动特性的喜悦"，使学生认识、理解、热爱运动，为其终身参加体育锻炼打下坚实基础。1979年，全体研在日本学校体育研究协议会上正式将这一学校体育思想命名为"快乐体育"。

二、快乐体育论在我国的发展困境

20世纪80年代初，日本全国体育研究协议会推行的快乐体育思想传入我国，与国内包昌明老师的"快乐体育"、陈德俊先生的"和乐体育"及湛江的"快乐体育园地"等课改成果，共同构成了学校体育领域的快乐体育流派，从此成为影响我国学校体育改革发展的一支重要力量。近40年间，快乐体育既受到人们的广泛追捧，视作激活课堂学习氛围的"一股春风"，被赋予扭转学生体育厌学的重任；也曾遭到诸多专家学者的严厉批判，认为"不符合体育的'本体'与'本职'功能"[116]；"难以发挥教师的主导作用，不能帮助学生掌握系统的知识与技能"[117]，是出现"庸俗化、温情化、低效化、玩乐化"体育课的始作俑者。"快乐体育"既是"大众明星",也是"全民公敌";既做过"改革先锋",也当过"过街老鼠"[118]。

境遇反差如此之大,学校体育领域的研究者常反思:"快乐体育在我国学校体育发展过程中到底充当了什么角色?我们是否仅只是'望文生义',庸俗化地理解了快乐体育,却从未真正认识其本来面目。"否则对于"快乐"本质理解,就不会出现"触及运动机能特性的喜悦"[119]"寓教于乐的教学过程"[120]"体育课中纯粹的玩乐、无规则的自由"[121]"一种提高技能的喜悦感、获得知识的满足感、战胜困难的成就感、运动过后的轻松愉悦感"[122]"经历运动过程中的'痛苦'磨炼,个体的身体、心理、意志品质及人格都得到发展和完善,从而产生一种建立在人的全面发展基础之上的真正的'快乐'"[123]等多种或近或远的观点。相应地,在课程教学中对于快乐体育的定位,便不会存在"一种全新的体育教学指导思想"[124]"有自己完整的理论观点、目的、内容、方法及评价技术的一种教学模式"[125]"仅只是一种教学方法"[126]等完全不同的认识。

同时,缺乏快乐体育系统理论指导的教学实践,是否仅只是带有教师个人主观性的盲动?因为,在具体实践层面,既有主张通过运动项目教材化、新兴体育运动进校园、体育趣味课课练、快乐体育园建设等方式开发新型课程内容,探索运用"成功体育""TROPS 体育""领会教学法"等新的教学模式与方法;也有主张降低传统体育教学中对运动技能、身体素质与课堂纪律等方面的要求,以"情景教学""主题教学""生活化教学"的方式,激发学生的学习兴趣;更有甚者,一度出现玩乐化、非严肃性和非刻苦化倾向,体育课变成了"一个哨子两个球,老师学生乐悠悠"等的"放羊课"。

快乐体育论引入我国以后,在理论认识与实践方法上的分歧是显而易见的,在很大程度上影响了快乐体育思想在学校体育领域的进一步深入与推广。因此,在改革开放40多年的时间节点上,在更加注重学生体育学习的主体性与主动性的当下,有必要借助新的视角与方法,重新审视快乐体育流派的理论与方法体系,统一思想认识,明确路径方法,而萌生于古代哲学,成熟于近代社会学,广泛应用于管理学、教育学等学科的中层理论研究,因其具有加强理论体系的完整性、自洽性与实践指导力等功能,为我们探索解决快乐体育论在我国发展的困境提供了重要的视角与方法。

三、中层理论视域下快乐体育论的梳理与补阙

基于上述分析，要准确把握、贯彻落实快乐体育思想，就必须借助中层理论的视角与方法，完成包含"宏观思想—中层理论—实践方法"三层次网络结构的梳理与架构，全面提升快乐体育理论体系的完整性、自洽性与实践指导力，快乐体育思想流派才能更好地在学校体育理论研究与实践发展中获得统一认识与合理运用。

（一）基于"运动项目技能特性"的教材分类理论

显而易见，要将快乐体育思想在体育课程设计与教学实践中贯彻落实，构建快乐体育论独特的课程内容与教学方法体系，还需要回答"学生参与运动的'快乐'何来？""不同运动项目满足'快乐'需求独有的机能特性？""'快乐'呈现的过程机制"等关键问题，以构建快乐体育论中层理论的主要方向。通过文献收集整理发现，全体研在践行快乐体育论的过程中并非没有开展对上述起支撑、过渡层面理论的研究与探讨，日本本土的快乐体育论课程内容与方法体系大体是建立在相关研究成果的基础之上，但遗憾的是，我国学校体育领域在引入快乐体育论的过程中，似乎更为注重对宏观思想理念的介绍，而疏于对支撑理论与实践方法的系统研究，才导致了后期理论认识与实践推广环节的诸多问题。

在对"学生参与运动的'快乐'何来"问题的探讨中，全体研参照胡伊津哈的游戏心理欲求说及凯洛亚斯（Roger Gaillois）的游戏说，获知游戏者的心理态度主要包括四个范畴。其一，竞争。本质是在平等的条件下及其所能争取胜利，其原动力是让他人承认自己在某领域、方面更突出、更卓越。其二，偶然。游戏者在焦急不安中等待结果，其原动力是相信命运之神的垂青，敢于孤注一掷。其三，模拟。游戏者暂时脱离现实世界，游戏于虚幻世界，其原动力是通过伪装、角色扮演来产生超越自我限制的感觉。其四，晕眩。可以扰乱人体的正常感知觉，使意识发生暂时性改变，其原动力是追求身心失控感的刺激体验。竹之下休藏等学者对比分析后认为，由于运动多起源于游戏，学生运动参与的心理欲求与游戏者的心理态度具有高度一致性，虽然

每个学生运动参与的心理欲求并不都是单一、独立的，也可能是多种动机并存、交织的，但无外乎是上述四类，应该以此为出发点来构建课程体系。

分析了学生运动"快乐"的主要来源，接下来需要探讨不同运动项目满足"快乐"需求独有的机能特性，为构建与之对应的课程内容体系做好理论准备。首先，需明确的是"运动项目的机能特性"有别于体育运动促进学生体能、品德、能力发展方面的特性，而是满足学生运动"快乐"的需求，获得积极的运动体验方面的特性。其次，在凯洛亚斯"游戏所蕴藏的乐趣主要通过竞争、偶然、模拟和晕眩等特征体现出来"的认识基础上，对不同运动项目满足学生运动"快乐"的机能特性进行分析，如运动（Sports）中球类、田径类和身体对抗类项目都带有竞争性，操类和舞蹈类带有模仿性，蹦极、高山滑雪等带有晕眩性，运动竞赛的过程与结果都带有偶然性等，完成"运动项目分类"，形成了"基于运动项目机能特性的学习内容的构造化"理论。

（二）基于"自主游戏要素"的教学方法理论

在"运动'快乐'呈现的过程机制"的研究过程中，全体研又以凯亚洛斯对游戏必备要素的分析结论来审视日本学校体育的教学过程。虽然游戏过程应具备以下六大要素：其一，是游戏者不被强迫、自由的活动；其二，是在约定的时间和空间内进行的活动；其三，是游戏的进程与结果不可预知的活动；其四，是非生产性活动；其五，是遵循特定规则的活动；其六，是乔装意识下虚构的活动。就当时学校体育教学问题而言，"自主、自由的"游戏要素对满足学生的运动欲求最为重要，甚至是决定性的。但又如何体现学生在体育教学过程中的"自主性"呢？全体研依据20世纪70年代发展起来的"自我决定理论（Self-determination Theory，SDT）"，即人是积极的有机体，天生具有追求心理成长和发展的倾向，这种倾向需要"能力需要（Competence）""关系需要（Relatedness）""自主需要（Autonomy）"等基本心理需求的滋养，提出快乐体育教学过程"自主性"的实现机制必须遵循"基本心理需要理论"，从目标设定、人际关系、主动参与等方面构建"运动项目机能特性实现过程"，并以此指导构建快乐体育教学方法体系。

（三）基于"小集团活动"的教学组织理论

有了中层理论的支撑，微观层面的具体的课程内容与方法设计会比较明确。依据对"学生的运动'快乐'来源""运动项目的机能特性"的分析，逐渐发展出"运动项目分类理论"及"基于运动项目机能特性的学习内容的构造化理论"，为构建快乐体育课程内容体系提供了理论支撑。快乐体育课程内容结构中既包括根据学生不同运动欲求直接匹配的具有相应机能特性的运动项目，如竞争类的球类项目、表现类的舞蹈项目等，也包括同一运动项目按照不同年龄阶段学生运动欲求变化所作出的合理改造，如将高年级学生喜欢的正规的球类项目游戏化，成为低年级学生运动时的"主动选择"；如将通常作为竞争性的跑、跳项目情景化，重新设计成为模拟性的运动内容[127]。经过一系列有针对性地开发、分类，快乐体育课程内容体系逐渐变得内涵丰富、层次分明、类型多样。

教学过程方法的设计则以"运动'快乐'呈现的过程机制"为指导，注重体现"自主、自由的"游戏要素。首先，提倡"目标学习"，因为适度的、恰到好处的目标难度能把个人的积极性调动到最大，学生在教师的引导下根据各自情况和能力自定目标，更能感受到心理上的自由和对自己行为上的控制感。其次，采用"选择制教学"，学生根据各自兴趣自选运动项目，自定学习进程，自我评价学习成效，具有更高的参与度、主动性和创造力。最后，组织"小集团教学"，在彼此的关爱、理解和支持中，建立良好的人际关系，在互教互学、互相竞争、互相协作的教学环境中体验良好的团队归属感，提高学习的自主性和积极性。

20世纪70年代末，日本文部省颁布的中小学《学习指导要领》，明确将"体验各种运动乐趣""使学生喜欢运动""能够愉快进行各种运动"写入课程目标[128]。将各运动项目分为竞争类、表现类和必要的基础类（体操），构建课程内容体系，由学生自选运动的种类和项目。教学方法不再采取以教师为中心的"纵"向指导形态，转向由学生自定目标，自制进程的"目标学习"，组织形态采用学生之间互相协助、沟通和竞争的"小集团教学"，促使学生自主、自发地参与学习。经过多年的努力，日本学生对运动的态度有了明显的改观，对体育的关心程度明显提高，自觉参加体育运动的欲望明显增强[129]。

（四）快乐体育论"本土化"考量

基于中层理论的视角与方法，借助快乐体育论"宏观—中观—微观"三层次理论体系的系统梳理与完整架构,分析快乐体育在我国出现"异化"的种种现象,认为快乐体育本土化过程中仍需考虑以下四方面问题。

第一,准确把握中日学校体育的背景差异。任何思想的诞生都有其特定的背景和"生存土壤","后工业社会"即是快乐体育的"生存土壤"。因为只有在"后工业社会",人们才会普遍生发出自主、自发地参与体育运动的欲求,也才有充裕的时间和丰富的资源满足各种需求。我国现实国情,仍将处于工业化进程中[130],在当前及今后相当长一段时期内,学校教育还承担着为国家培养大量的、合格的社会主义建设者和接班人的责任,增强体质、锤炼意志、健全人格仍是学校体育工作的主要目标,这与日本在经济高增长后进入"后工业社会"时期学校教育、学校体育工作的定位与目标有着很大差异。因此,绝不可"照搬照抄"日本快乐体育的思想与方法,必须将快乐体育论与我国学校体育长期坚持的体质教育论、健康体育论融合发展,才能更好地服务于我国学校体育改革事业。

第二,正确认识国内外快乐体育思想的本质区别。20世纪80年代初,我国学校体育曾出现学生"喜欢体育运动,不喜欢体育课"的现象,重庆教育科学研究所的包昌明学者根据"愉快教育"思想,提出了快乐体育主张,虽然同名,但乐趣来源于"寓教于乐"的本土快乐体育,与来源于"触及运动特性的喜悦"的日本快乐体育,二者仍然存在"手段"与"目的"的本质差异,借助"学生的运动欲求""运动项目的机能特性与实现机制"等中层理论,可以准确理解日本快乐体育论提出的真正目的与思想主张,避免国内外快乐体育思想长期交织、缠绕在一起,导致在认识和实施过程中相互干扰,甚至混淆。

第三,积极发挥快乐体育三级理论架构的指引作用。此前与快乐体育的相关研究,主要是从人类学、哲学语境,而非课程、教学语境去探讨快乐体育的思想主张,研究成果表述抽象、晦涩,我国学校体育工作者大多一知半解,加之中层理论的缺失,也影响了快乐体育理论体系的逻辑自洽性与现实指导力,出现大量思想误读与实践盲目的问题,李勋、江文奇等曾感叹"理论架构的不完善是快乐体育走向偏锋的原罪"[131]。由此,必须积极发挥由"宏观思想—中层理论—微观方法"共同构成的完整理论体系的重要作用,尽快消除理念层面的无谓"争吵",结合我国学校体育的具体实际,大力开展相关课程内容、教材、教法研究，将快乐体育课程实践向纵深推进。

第四，保障实施快乐体育所需的教学条件。通过对快乐体育论实践方法的梳理可知，相比较传统教学，快乐体育极大地增加了学生的自主性，也提出了教学项目的多样化、教学场地的充裕性、教师教学观念与教学能力发生根本性转变等要求，就现阶段我国学校体育教学资源的整体水平来看，还需在自由选课、小班教学、运动项目改造、教学过程民主化设计等方面下大力气，否则，只求推进快乐体育思想而不注重改变体育教学的内外部条件，则快乐体育的本土化过程不可避免地会出现"穿新鞋走老路"的问题，以"游戏教学"替代"快乐体育"。

四、结语

回顾我国引入并推行快乐体育论的历史过程，首先让我们认识到学校体育的目标任务不是一成不变的，而是随着不同历史时期社会经济形态的变化而发展的，学校体育只有主动适应变化，不断调整目标定位，才能始终焕发出生机与活力，深化了对学校体育发展规律的认识。其次认识到学校体育目标任务的制定既要考虑国家、社会的需要，也要考虑学生的个体需要，处理好直接目标与间接目标的关系，在激发学生体育学习的主体性、主动性的基础上，更好地发挥学校体育的社会功能，完善了我国学校体育目标的结构与内容。最后从满足学生体育学习的个体需要的角度，探索学校体育教学的组织过程与课程方案，丰富了体育教学内容与方法体系。

第八章

运动教育论：松散的教学过程结构

运动教育作为西方体育教育的经典流派之一，以运动教育理论、团队学习理论、角色扮演理论、人的社会化理论等为理论基础，将运动项目学习与比赛融入学校体育课程之中，构建一套完整的体育教育理论与课程模式，在培养学生运动参与、运动技能、体育精神的同时，进一步实现人的全面教育，提升其社会适应能力，其内在思想与我国当前正在推行的以学生发展核心素养为根本目的的体育课程改革相契合，具有重要的借鉴价值。

一、运动教育论的思想内涵与课程模式

（一）运动教育论思想内涵

20世纪初，受自然主义思想的影响，帕克尔（Francis Wayland Parker）、杜威（John Dewey）等教育学家对仍沿袭着"教材""教师""课堂"为中心，教学过程严格训练、机械记忆，学生始终处于被动地位的传统教学模式进行了批判，大力宣扬进步主义教育思想，倡导关注儿童天性，强调教学应以儿童为中心。在学校体育领域，美国学者托马斯·丹尼森伍德（Thomas Denison Wood）对以体操为教学内容，注重学生的身体形态训练的传统学校体育教育形态进行反思，认为："体育的伟大理想不仅限于身体方面的训练，更重要的是体育与全面教育的关系，应使体育在个人生活的环境、训练或是文化方面充分发挥作用"，是一种"针对身体的教育（Education of the Physical）"的"新体育"[132]。而后，"新体育"被伍德的学生克拉克·威尔逊·赫瑟林顿（Clark Wilson Hetherington）诠释为机体教育、神经肌肉活动教育、品德教

育和智力教育，即通过体育促成学生机体、品德、智力等全面发展，也称"通过身体的教育（Education through the Physical）"，并一度成为学校体育的主流思想，长期指导着美国的教学实践。

然而，美国俄亥俄州立大学教授西登托普（Siedentop）经过调查发现，"新体育"思想指导下的学校体育实践并不能充分激发学生的学习兴趣和积极性，体育课只是少数学生的课堂，只有少部分运动技能较高的学生活跃在课堂和运动竞赛中，运动技能较低的学生逐渐变成边缘人，开始逃离课堂，厌倦体育运动。究其原因，是因为"通过身体的教育"在教学实践中只顾强调学生体质、技能、心理、品德等多重目标的发展，却忽视了如何保证全体学生体育学习过程中充分参与，产生对运动意义的积极体验（Meaningful Experience）[133]。Siedentop 基于 Celeste Ulrich[134]、Arthur Weston[135] 的"游戏论"理论认为：第一，游戏在文化中占据重要角色，作为一种世界通用语言，游戏是人类社会和经济发展过程中一种强有力的媒介，能够沟通文化差异、解决冲突，有利于社会的凝聚、包容和融合；第二，运动是游戏的一种形式，运动的本质意义来源于游戏，运动之于人类的重要价值，就在于它的游戏特性；第三，将运动作为学校教育的课程内容，并以游戏竞赛的方式组织运行，更能有效发挥运动促进人类健康，以及社会文化发展的教育价值与功能。

因此，体育中的身体活动本质上属于游戏，体育应是一种游戏教育（Play Education），要让学生在参与、体验游戏中去感受真实的生活，最终提升学生的生活质量（the Quality of Life），其首要任务是发展学生从事运动的态度与能力。为区别于"通过身体的教育"思想，避免学校体育机械地追求学生体质、技能、心理、品德等外在目标，着重强调"为学生提供真实的运动体验"。Siedentop 在 1982 年的国际高等教育体育协会（International Association for Physical Education in Higher Education，AIESEP）会议上首次提出了"运动教育"思想及相应的课程与教学模式。运动教育思想认为，学校体育的直接目标是培养具有运动能力；理解和尊重运动的传统、规则和礼仪；信奉并践行运动文化的充满激情的运动员，间接目标还包括进行身体活动的筹划和管理能力；具有负责意识和团队精神的领导力；理智分析处理问题的能力等。运动教育的实施以比赛为主线，引入赛季、球队归属、正式竞赛、记录、赛季后庆祝活动等元素,为不同运动水平的学生提供真实的、丰富的运动体验[136]116,包括真实情境的教学竞赛、公平的运动参与、多样化的角色扮演、反复强化的运动技能和战术学习、丰富的校外和社区的体育活动,培养学生的体育实践素养。

运动教育理念与教学模式提出以后,在西方教育领域得到了广泛运用,鼓励不同运动水平的学生以多种角色参与丰富、真实的比赛,体验运动的乐趣、成功,在提高参与者运动技能、战术能力,以及团队领导力、组织力、人际交往能力等品质方面取得了显著成效[137]。

(二) 运动教育论的课程模式

1983年,Siedentop在美国俄亥俄州主持了"运动教育课程与教学模式"工作坊(Workshop),第一次公开了运动教育模式的框架、特点和教学构想。同年,克里斯·贝尔(Chris Bell)将运动教育运用到体操和足球教学中,完成了运动教育第一次真正意义上的教学实践。在实践中,学生的参与积极性明显增强,为了比赛,学生主动请求Chris Bell安排更多的练习时间,主动利用课余时间参与练习[138]。1990年,新西兰奥特兰大学的贝文·格兰特(Bevan Grant)申请了希拉里委员会的资助,开展了涉及34个学校、86名教师、2368名10年级学生的全国性运动教育实验[139]。实验中,运动教育广受学生欢迎,教师好评。众多教师反馈,受运动教育思想指导的教学实践使学生可以收获更多的知识,学生的运动参与态度、积极性、责任感等也有较大的变化,同时教师从纷繁的课堂管理中解放出来,拥有更多机会给予学生个别指导。后期,希拉里委员会编制了运动教育教学教材,增加了教研人员,到1996年,新西兰全国已有214个高级中学开展运动教育,在初级中学中的应用处于积极探索中。继新西兰之后,肯·亚历山大(Ken Alexander)等人于1993年在西澳大利亚完成了由澳大利亚体育委员会资助的运动教育国家级实验[140]。研究显示,相比于传统教学,学生更喜欢运动教育;习惯性逃避体育课的学生变得主动积极,缺勤人数明显降低;学生的技能提升较为明显,尤其是低技能的学生。在美国、新西兰和澳大利亚的带动下,运动教育开始在全世界传播,并受到广泛的称赞和好评。

二、运动教育论在我国的实施现状

我国通常将学校体育课程定位为：以身体练习为主要手段，以体育与健康知识、技能和方法为主要学习内容，以提升学生体育素养水平、增进学生身心健康为主要目标的课程。明确了体育健身方法与运动技能的学习是体育教育的重要载体，由于没有明确体育竞赛的性质、地位，长期以来，体育课程教学以传授单一运动技术为核心，教动作、练动作、考动作，教学过程过度强调技术动作规格，低级重复技术动作练习，加之教学内容杂而不精、运动技术学习"蜻蜓点水"[141]，不注重技术运用，极少组织体育比赛，调查表明，竟然有85%的学生在上大学之前没有参加过正规体育比赛[142]。学习过程是体育教师向学生的单项灌输，若学生没有感受到运动的乐趣与成功，为了考试和毕业敷衍应付，通过体育教育培养学生良好的行为习惯、高尚的道德情操、坚韧的意志品质、善待输赢的价值取向等教育功能无法充分发挥[143]。

与此同时，在锦标主义思想影响下，少量的学校体育竞赛不是每名学生都能公平参与的教育过程，而是成为少数特长学生的"专利"。体育竞赛主要定位不是育人的重要方式，而是更加注重比赛成绩，且与各学校的集体荣誉挂钩，在一定程度上诱发了学生运动员、体育教师的功利心，甚至导致其为赢得比赛而不择手段，运动员年龄、身份造假等现象时有发生，背离了"公平、公正"的体育精神，不仅不能达到育人的作用，还会给少年儿童的成长带来负面影响。

2004年，Siedentop来华讲学，标志着运动教育正式传入我国。自此，有关运动教育的介绍和研究在国内如雨后春笋，但运动教育在国内的发展同国外相比却有不同的境遇。首先，国内对运动教育内含的介绍大多从目的、目标、特点、方法等多个方面展开，未能准确理解运动教育的思想内涵，依然简单机械地贯彻"通过身体的教育"，忽视其内在逻辑与实施要求。其次，有学者误认为运动教育仅以比赛为主线，忽略运动技、战术的必要教学过程。再次，对运动教育的理解，存在因功能认识泛化而忽略其本真价值的现象。例如，刘桦楠等人极力倡导运用运动教育开展德育实践[144]；刘留倡导运动教育对于学生生命体验、生命发展、生命质量提升的作用[145]。正是对诸类功能价值的鼓吹,遮蔽了运动教育倡导学生真实运动体验的原初指向,影响了广大师生对运动教育本真面目的理解。最后,在运动教育教学实践的单元流程安排中,王焕波将整个教学单元分为学习日、练习日、比赛日和最终赛事四个环节[146],杨慈洲等人将教学单元分为建立教学常规、明确角色分配和职责、学习基本技术和战术、学习裁判规则、小组自我评价与复习、比赛、奖励与庆祝活动七个环节[147],吴伟将教学单元分为练习前期、练习中期、比赛期、练习后期、决赛期及颁奖五个环节,认为比赛期和决赛期只进行比赛,不涉及技战术教学[148]。在每次课堂教学中,高嵘等人认为运动技战术教学、运动竞赛都应贯穿赛季的早、中、晚期[136]116-119。另外,各学者的课堂操作流程、时间分配存在明显的差异。教学模式指体现某种教学思想的教学程序,有着相对稳定的教学过程结构和相应的教学方法体系[149],而运动教育在国内却体现出教学过程结构并不稳定、不统一的问题,这是运动教育自2004年传入十余载以来,相关理论研究成果与日俱增,但是没能解决学校体育课程实践具体问题的一个重要原因[150]。对此,针对运动教育在国内存在的思想认识不清、教学实践不明的问题,需从新的视角对运动教育理论体系加以梳理,达到澄清思想、指导实践的目的。

三、中层理论视域下运动教育论的梳理与补阙

基于上述分析,要准确把握、贯彻落实运动教育思想,必须借助中层理论的视角与方法,完成包含"宏观思想—中层理论—实践方法"三层次网络结构的梳理与架构,全面提升运动教育理论体系的完整性、自洽性与实践指导力,运动教育才能更好地在我国学校体育理论研究与实践发展中获得统一认识与合理运用。

(一)基于"游戏理论"的课程内容体系构建

Siedentop在批判体育多重外在目标的同时,通过游戏论,明确了体育本身的意义。游戏是指在某一固定时空中,依照自觉接受并完全遵从的规则,伴以紧张、愉悦的感受和"有别于""平常生活"的活动[115]。"游戏是人类

行为的一个基本范畴"，游戏是人的本能行为等对游戏的认识观点已被广泛接受。如此看来，游戏实际是人类行为的本能表达，这一本能行为充分体现了游戏本身的意义。关于游戏的种类，卡约瓦（Caillois）将其分为竞争、表现、眩晕、偶然四类。对比可以发现，运动（Sports）本质上具有竞争和表现的属性。例如，乒乓球是同对手的竞争，篮球是同团队的竞争，跳高是同标准的竞争，登山是同山体环境的竞争，舞蹈、武术套路则是一种表现等。于是，Siedentop 基于游戏论创建了运动教育模式，旨在使学生在以竞技运动、舞蹈和各种锻炼活动为内容的体育课中获得真实的、愉快的学习体验。

（二）基于"运动竞赛胜任力培养"的教学过程设计

达成运动教育"为学生提供真实的运动体验"这一宏观思想，显然需要回答"什么是真实的运动""如何让学生体验真实的运动"两个问题。"什么是真实的运动"即"真实运动的样式和运行规律"。运动只有在竞赛时最接近游戏，表现得最为真实。Siedentop 从现代运动竞赛的开展与运行中提炼出竞赛过程包含练习期、季前期、正式比赛等环节，竞赛样式包含运动赛季、运动团队、正规比赛、最终比赛、成绩记录和赛后庆祝等特征。根据这一理论，教师在教学实践中便能为学生创建真实的运动情景，以供学生体验。

运动（Sports）本质上属于游戏，游戏具有自主或自由、非生产性、非真实性或假装性、规则性、不确定性、隔离性或有限性六大要素。游戏要素是游戏必不可少的特质，它的缺失会使游戏失去生命，也会使游戏者无法获得游戏的原初体验。具体到运动教育，要使学生获得真实而美好的运动体验，游戏要素必然是运动活动中必不可少的要素。在六大游戏要素中，除自由或自主要素，非生产性、规则性、不确定性等要素实际是运动活动已然存在的，仅有自由或自主要素容易被忽视，且难以把控，这一要素是学生能否获得"真实运动体验"的关键。从运动教育实践方法看，自由或自主要素明显寓于其中。例如，运动队名、团队 logo、庆祝动作和口号等都由学生自行设定，运动竞赛由学生自行组织，教练、领队、裁判等角色由学生担任，竞赛规则、场地、器材视学生能力而定等。经归纳整理发现，自由或自主要素在运动教育中主要体现在学生能力、学生关系和学习自主三个方面，这与"自我决定理论"下"能力需要""自主需要""关系需要"的具体实践不谋而合。研究表示，自我决定理论即是运动教育的指导理论[151]。

探索"如何体验真实运动"的问题，可以从游戏的运行与开展中寻找答案。游戏有着低级、高级之分，如儿童时期的游戏属于低级形式的游戏，无须技能准备、无须练习即可参与，而竞赛、戏剧、音乐等则属于高级形式的游戏，参与之前必须掌握必备的技能和规则，否则无法参与，也无法获得真实的体验。因此，学生在运动竞赛之前，必须掌握基本的运动技战术、规则、礼仪等运动文化，在具备一定运动胜任力的基础上参与运动竞赛，那么"运动竞赛胜任力与培养机制"将是课程体系构建的重要理论基础。

（三）基于"运动季"的课程模式构建

根据运动教育的具体实践与操作，结合上文构建的运动教育中层理论对运动教育微观方法加以梳理。首先，为了创建真实的运动情景，Siedentop 总结并提炼了现代运动竞赛的运行规律和特征，将其运用到运动教育中。例如，Siedentop 根据运动竞赛的季赛，提炼了"运动季"特征，将每个教学单元设置成运动季，包括练习期、季前赛期、正式比赛期、季后赛等多个环节，每个单元教学时长远超传统时长；根据运动参赛团队，提炼了"团队联盟小组"特征，让学生扮演领队、教练、运动员等角色；根据正式比赛前的模拟性、适应性等比赛，提炼了"正规比赛"特征，让学生在最终竞赛前组织各种形式的比赛；根据参赛过程中训练与参赛成绩的记录提炼了"成绩记录"特征，在教学中记录学生的比赛和表现情况；根据各比赛盛会提炼了"正式比赛"特征，让学生在每个教学单元结束时开展一次终极比赛，并营造真实的竞赛氛围，如入场仪式、啦啦队等；根据真实比赛的颁奖与庆祝提炼了"庆祝活动"特征，让学生开展颁奖仪式、文艺表演和会餐等活动[152]。

其次，为培养学生参与真实运动的胜任力，运动教育采用以教师直接指导、合作学习和伙伴学习相结合的教学方法，通过教师教授、学生相互学习等多种形式加强学生对教学内容的理解与掌握。具体教学过程中，运动教育极为强调学生对运动技能、战术、规则、礼仪等内容的掌握，尤其是运动技、战术的学练，贯穿于教学单元的始终。正如 Siedentop 所言，一个人如果未能掌握手球运动的规则、战术、习俗和礼节等运动文化，他将无法参与手球运动，无法体验手球运动的内在意义与乐趣。Siedentop 强调，传统的运动技术教学往往是孤立的，与运动战术相分离，而比赛的技术运用却是以"技术链"出现，且包含战术的运用，如篮球快攻不仅包含运球、传球、投篮等连串技术动作，也包含球员的跑位、掩护等战术成分，因此技战术教学应该是相互联系、动态的，而非孤立的、静态的。

最后，为让学生在运动参与过程中获得真切、愉快的体验。Siedentop 极为关注游戏要素在运动过程中的体现，尤其是自由或自主要素。"自我决定理论（Self-determination Theory，SDT）"认为人是积极、主动的有机体，天生具有追求心理成长和发展的倾向，这种倾向需要"能力需要（Competence）""关系需要（Relatedness）""自主需要（Autonomy）"等基本心理需求的滋养[153]。根据自我决定理论，要让学生在运动活动中感受到自主或自由，必须满足学生的三种基本需要。"能力需要"指个体对自己的学习行为或行动能够达到某个水平的信念。运动教育的教学实践中，竞赛规则、场地、器材规格并非以竞技运动为标准，而是视学生能力灵活地做出调整，如降低排球隔网的高度、降低篮球的篮筐高度、减小足球场尺寸等。竞赛参与人数也是视学生能力而定，开始由 1V1 或 2V2，后期逐渐增加参赛人数。"自主需要"是指个体能感觉到的心理上的自由和对自己行为上的控制感，当这种需求得到满足时，学生会有更高的参与度、主动性和创造力。教学实践中，团队分组由教师主导和学生自愿相结合；运动技战术的学习给予学生大量自由练习时间；队名、团队 Logo、庆祝动作和口号等由团队自行设定；运动竞赛由学生自行组织、领队和执裁，让学生充分享受自主感。"关系需要"是指个体感受到良好的人际关系，以及他人的关爱、理解和支持。当需要得到满足时，人们会获得良好的人际氛围。教学实践中，学生的异质分组、角色扮演，使每名学生都能承担一定责任，能够相互学习，体验存在感；团队联盟的永久性和团队文化等能让每名学生都有自己的归属团队，拥有并认可自己的团队身份；另外，运动教育极为强调学生间的互相学习、帮助，强调教师对组内学生良好关系的维护，以及积极处理学生间的不平等现象，以让学生获得良好的归属感。

（四）运动教育论"本土化"探索

1. 依托课程标准，推行运动教育模式

《普通高中体育与健康课程标准（2017年版）》明确要求学校体育改革

应着力发展学生核心素养，培养学生的社会责任感、创新精神、实践能力，以及正确的价值观，具备解决问题的必备品格和关键能力。运动教育的理念与实践同普通高中体育课程改革理念及其要求高度契合，因此应抓住新一轮课程标准的实施，为运动教育模式的有效优化、落地提供制度基础。在课程标准中明确要求通过长时间的运动技战术教学，充分掌握运动技能并拥有欣赏竞赛的能力；通过游戏式教学，提升学生主动参与体育活动的自我锻炼意识；通过角色扮演与任务分担，提升学生体验自身价值与社会适应力；通过竞赛式教学，培育学生的体育道德品质，并结合运动教育目标要求，采用诊断性评价、过程性评价和终结性评价等多种方法对学生的运动技能、学习态度、合作意识等方面进行综合评价。

2. 统筹课程安排，部署运动教育实践

对学校体育课程进行统整，推进运动教育模式落地实践，主要需要解决的问题包括：第一，创设符合运动教育课程模式的超大体育教学单元，以保证体育学习的深度；第二，知识模块化，为不同学习需求与发展水平的学生提供与之相适应的知识模块；第三，分组教学，按学生技能水平进行异质分组或自荐分组，培育团队氛围与竞争精神；第四，运动项目教材化改造，从难度、规则、设施等方面入手对正规竞技运动项目进行修订，使竞技运动在保留项目特征的同时更加适应特定对象的教育教学规律；第五，方法多样化，以角色扮演、团队学习加强学生之间的沟通交流、合作探索；第六，促进运动文化培育，以记录公示的方式展示团队或个人的学习表现，组织仪式和庆典活动，提升运动项目文化氛围和感染力。

3. 创造课程环境，提供运动教育保障

体育教师是体育教学活动的设计者、实施者与引导者，运动教育模式作为一种新型课程教学模式，与传统体育教学形态有着较大差异，也对体育教师的运动技能水平、教育教学能力提出了新的要求，因此加强相关培训，提升教师素质，是推进运动教育模式过程中最重要的影响因素。培训内容包括：厚实教育理论基础，补充对游戏教学理论、运动教育理论、人的社会化理论、团队学习理论等相关教学理论的学习，为教学实践奠定理论基础；对运动项目有较为深刻的理解，全面系统地掌握基本技术和战术、比赛规则及项目文化；熟悉运动教育模式的基本理念、环节、方法和要求，并合理开展教学设计；激励教师职业成就感，投入较多的时间和精力，保证课程改革成效。

4. 开展教学研究，扩展运动教育理论

目前，我国对于运动教育的认识在一定程度上还停留在理念层面，同时各类运动教育模式的实践探索大多是移植国外教学经验，未真正出现有影响力的典型案例。例如，对于运动项目的教材化改造，或是失去项目特点，或者模糊了教学对象的差异性；对于赛事活动、庆典仪式的组织往往流于形式，运动文化氛围与育人环境的营造效果不尽如人意。因此，国内学校体育界必须坚持"由内而外、融合创生"原则[154]，加强对运动教育模式的教学研究，一方面继续充分挖掘运动教育模式更广泛的理论内涵；另一方面结合国内体育课程改革实践，坚持以系统思维对运动教育模式进行实验研究，为体育运动教育模式的推广提供可靠的理论依据[155]。

四、结语

目前，运动教育理论及其课程模式在国内的普及与深入程度同我国学校体育改革的迫切需求相比，仍然相对不足，运动教育论本土化的未来进程，仍需体育教育理论研究者与一线体育教师的共同参与，准确把握运动教育论起源的时代背景、思想起源、理论体系与教学实践。同时，立足于服务我国学校体育改革的总体要求，立足立德树人的根本任务，不断激发学生参与体育运动的积极性，享受运动乐趣，锤炼坚强意志，完善健全人格，探寻运动教育模式的中国模式，服务于我国体育教育实践。

第九章
终身体育论：模糊的锻炼机制与实践路径

终身体育是后工业社会时期体育发展的主流思想。改革开放以后，我国经济高速发展，人们物质生活水平不断提高，对于健康的追求更为强烈。近年来，一系列重要的政策文件的发布，表明我国的健康和体育事业得到了党和国家的高度重视，终身体育迎来了难得的发展机遇。学校体育作为终身体育的重要一环，既要着眼当下正处于身心发展敏感期青少年儿童的健康促进，更要为实现终身体育在培养良好的体育习惯、身体素质、运动技能与健身能力等方面打下扎实的基础，可谓任重道远。

一、终身体育论的思想主张

（一）终身体育提出的时代背景

1965年12月，联合国教科文组织（UNESCO）成人教育俱乐部负责人、法国成人教育家保尔·朗格朗（Paul Lengrand）向促进成人教育国际委员会第三次会议提交了一份题为"终身教育（Education Permanente）"的提案。1970年，朗格朗出版了《终身教育引论》（*An Introduction to Lifelong Education*），对终身教育的背景、意义、目的、原则、内容、方法进行了系统论述，使终身教育具有了清晰的科学概念，成为系统的教育理论，标志着终身教育思想的正式确立。1972年，UNESCO国际教育发展委员会发表报告《学会生存——教育世界的今天和明天》，从历史和现实两个角度对终身教育进行了全面的论证和阐述[156]。1987年，UNESCO发布的《从现在到2000年教育内容发展的全球展望》把终身教育的思想、原则与教育内容、课程设计、课程改革、教育评价等联系起来，对终身教育的讨论和认识进一步加深了。1996年，国际21世纪教育委员会向UNESCO提交并发表《教育——财富蕴藏其中》的报告，强调"终身教育是打开21世纪光明之门的钥匙""应该重新思考和扩大终身教育的内涵"，提出"把终身教育放在社会的中心位置上"[157]。

在UNESCO等国际组织的大力推动下，终身教育思想迅速成为20世纪后半期以来在世界范围内广泛传播的一股影响全球教育发展的社会思潮。20世纪末期以来，伴随着全球知识经济的发展和信息时代的来临，仅停留在思想和观念层面的终身教育已不能适应社会变革的要求，终身教育开始走向实践形态，而知识经济的发展和信息技术时代的来临为终身教育的实践提供了坚实的社会、文化和技术基础。美国、日本、英国、法国、德国等发达国家都制定了有关终身教育的政策法规，初步形成了适应本国国情的终身教育体系。

可以说，终身教育思想的产生和发展是时代的产物，社会政治、经济、科技、文化的发展催生了终身教育思想，现代社会的需要和现有的发展水平是终身教育思想产生的客观条件与基础；教育不断改革与创新，为终身教育思想的发展提供了肥沃的土壤；现代人的学习需求的增长和自我完善的需要，是终身教育思想发展的主要客观条件和内在动力。对于终身教育的理念，必须从个体发展与社会发展统一的角度加以认识与实践。

随着我国政治、经济、社会的快速发展，终身教育逐渐成为全社会的认识与行动。1995年，《中华人民共和国教育法》第十一条明确规定："国家适应社会主义市场经济发展和社会进步的需要，推进教育改革，促进各级各类教育协调发展，建立和完善终身教育体系。"1999年，教育部《面向21世纪教育振兴行动计划》要求开展社区教育实验工作，努力提高全民素质，到2010年基本建立起终身学习体系。2002年，中国共产党第十六次全国代表大会把"构建终身教育体系""形成全民学习、终身学习的学习型社会，促进人的全面发展"作为全面建设小康社会的重要目标。

事实上，相对从整体层面提出终身教育而言，我国对终身体育研究的起步时间更早，从1979年进行"全国青少儿体质调查、测试和研究"时便已起步，20世纪80年代中期开始作为一个有待深化的理念问题进行探讨[158]。1987年后，王则珊等教师开始发表有关终身体育的概念、意义、产生背景和实施途径等方面的学术文章。为了深化学校体育改革，终身体育最终被作为一种学校体育改革指导思想提出。回顾终身体育在我国的发展经历大致可以划分为四个时期：①萌芽期（20世纪60—70年代初）；②生长期（20世纪70—80年代中期）；③壮大期（20世纪80—90年代初）；④迅速发展期（1995年后）。随着《全民健身计划纲要》的颁发，终身体育相关研究和实践得到了长足的发展[57]51-59。

（二）终身体育视域下学校体育的思想主张

1970年朗格朗在他的代表作《终身教育引论》中提道："一个人身体中的生命应成为他整个个性中的一个有机部分和支柱，与身体上各种形式的无能作斗争，实际上正是终身教育的主要目标之一。"他还指出："如果将学校体育的作用看成无足轻重的事，不重视学校体育，那么学生进入成年阶段后，体育活动就不存在了；如果把体育只看成学校这一段的事，那么体育在教育中就变成了'插曲'。"在这里，朗格朗不仅明确了教育与体育的关系，也指出了终身体育和学校体育的关系。1978年，联合国教科文组织通过《体育运动国际宪章》，其中第二条规定："体育是全面教育体制内一种必要的终身教育因素""必须由一项全球的民主化的终身教育制度来保证体育活动和运动实践得以贯彻于每个人的一生。"这进一步从制度上明确了体育不仅是终身教育的因素，而且还需要终身教育制度来实现。

日本从1972年起进入经济稳定增长期，人们的生活观由"工作第一"转变为"工作和闲暇生活同等重要"，《迈向21世纪体育运动振兴策略》提出"终身体育"的口号，强调体育运动应是贯穿每个人一生的重要内容。1978年《学习指导要领》指出，应将学校体育与终身体育联结起来，教师不仅要在锻炼学生体力和塑造人格上下功夫，更要让学生体验运动乐趣，终生热爱并参与体育运动。1987年颁布的《日本教育改革基本方针》明确提出：终身教育和终身体育是今后日本学校教育和学校体育的基本方向，学校体育是终身体育的入门期，是终身体育的重要组成部分。中小学《学习指导要领》提出：学校体育开始由"学校中心的体育"转向"与终身体育相连并成为终身体育重要一环的体育"，"养成终身锻炼的习惯，从而健康安全地度过一生"。学校体育由"以运动为手段的体力教育和运动技术教育"，转向"把运动作为目的和内容的教育"，同时充实了健康教育的内容，包括保健教育、安全教育、学校供食指导等[159]。

在我国,1989年第4期《中国学校体育》卷首语以"体育改革勿忘打基础"为题,提出了学校体育要为终身体育奠定良好的体质基础,培养运动的兴趣和养成良好的运动习惯的观点,正式掀开了终身体育视域下我国学校体育改革的序幕。

王则珊是我国最早研究终身体育的一批学者之一,首先提出学校体育应该而且也有可能通过体育课内外相结合的办法奠定学生终身体育基础,其基本内容包括:①打好身体基础,促进学生正常生长发育,增强体质,形成正确姿态和掌握立、走、跑、跳等基本活动技能;②培养学生对体育的兴趣、爱好和养成体育锻炼的习惯,使之成为日常生活不可缺少的内容;③使学生掌握体育的基本理论知识和锻炼方法,从而培养与发展他们的体育能力[160]。

陈琦认为,终身体育的指导思想是指,以培养学生终身参与体育活动的能力和习惯为主导的思想,学校体育是终身体育最重要的、带有决定性意义的中间环节,应该在学龄阶段培养学生终身从事体育学习和锻炼的观念和习惯,掌握终身体育的基本理论和方法。这种思想对学校体育的目标、内容、方法、评价、组织等产生了很大的影响[161]。

郎健、毛振明认为"大中小学体育为终身体育实现服务"是后工业化社会国家学校体育的基本形态,其教育内容应是通过运动技能的习得和乐趣体验培养青少年参与体育运动的志向与能力,并进一步通过描绘"理想的终身体育中国人像"分析终身体育视角下学校体育的主要任务,包括:①有参与体育运动和锻炼的志向和习惯;②有1~2项比较擅长的技能,对相近的运动很感兴趣;③善于新的运动学习,运动素质很好;④愿意与他人交往,性格开朗,举止文明;⑤具有较多的体育知识,观赏和分析体育的知识;⑥注意营养卫生,少有不良嗜好,安全意识强;⑦热爱自然和户外活动,喜欢寒暑锻炼[162]91-97。

进入21世纪后,终身体育在学校体育领域得到了进一步的深化。《教育部 国家体育总局 共青团中央关于开展全国亿万学生阳光体育运动的通知》《中共中央国务院关于加强青少年体育增强青少年体质的意见》等重要文件,以及2011年开始实施的《义务教育体育与健康课程标准》中,都将体育锻炼意识和技能的培养作为当前学校体育工作的主要任务,在这样的背景下,终身体育思想对学校体育的发展具有了更强烈的现实意义。

综上所述，各方对于终身体育视域下学校体育工作的总体目标是较为统一的，终身体育思想下学校体育理论与实践研究，主要集中于如何从终身体育的视角处理学校体育、社会体育的关系；如何建立包括学校体育在内的终身体育教育体系；如何在学校体育中奠定学生的终身体育基础等，对推动终身体育的发展起到了巨大的推动作用。随着终身体育思想研究的逐步深入，"为学生终身体育打好基础"逐渐成为学校体育领域的基本共识，"培养学生兴趣、发展爱好、形成习惯、培养能力"成为学校体育的重要目标。"自我设计与监督、自我组织与管理、自我运用体育环境与条件等成为思想终身体育的关键能力，引起了人们的普遍重视。"简言之，学校体育作为终身体育的组成部分，具有终身体育的一般特征，抓住青少年学生正处于身心发展的敏感期，促进与提高当下的身心健康水平。与此同时，学校体育又是终身体育的基础阶段，要培养学生体育参与的意识、习惯与能力，在长期、主动的体育活动中维持并发展未来的身心健康水平，简言之，学校体育至于终身体育，既要抓住当下的"鱼"，也要学会未来的"渔"。

二、终身体育论的实践困境

（一）贯彻终身体育论的实践成效

自20世纪90年代初提出终身体育指导思想以来，学校体育理论与实践探索已走过了近30年历程，但在终身体育视域下学生体质基础，体育意识、习惯与能力发展的现状如何呢？

首先，"中国学生的体质连续多年持续下降"的数据与现实已成为学校体育之"痛"，国民普遍缺乏体育锻炼习惯，体质堪忧，这是不争的事实[163]。一系列具有标志性的文件、讲话精神显示出党和国家对增强学生体质工作的急迫与殷切：其一是2007年5月7日，《中共中央 国务院关于加强青少年体育增强青少年体质的意见》中，明确提出要认识到"增强青少年体质、促进青少年健康成长，是关系国家和民族未来的大事""加强领导，齐抓共管，形成全社会支持青少年体育工作的合力"；其二是2013年11月12日，党的十八届三中全会《中共中央关于全面深化改革若干重大问题的决定》中，在涉及教育领域综合改革方面，作为中央的重大综合性文件，首次对学校体育工作提出明确具体的要求，"要强化体育课和课外锻炼，促进青少年身心健康、体魄强健"；其三是 2016 年 12 月 25 日印发并实施的《"健康中国 2030"规划纲要》，提出"青少年学生每周参与体育活动达到中等强度 3 次以上，国家学生体质健康标准达标优秀率 25% 以上"；其四是 2018 年 9 月 10 日全国教育大会上，习近平总书记指示"要树立健康第一的教育理念，开齐开足体育课，帮助学生在体育锻炼中享受乐趣、增强体质、健全人格、锤炼意志"等。这些从侧面说明，学生体质健康问题依然突出，大幅度、大面积提升学生体质的工作依然未能实现根本"破局"。

其次，学生的体育锻炼意识与习惯如何呢？应该说，自青少年体质健康问题升级为"国家意识"，强化了解决问题的紧迫性、必要性与彻底性，出台了更强有力的教育法规或行政命令，其中最有约束力的莫过于已经实施几十年的体育中考，以及一直探索推行的体育高考。从各地出台的体育中高考考试方案来看，测试评价的重点是学生的体质健康水平，一是学生体质健康水平持续下滑问题引起了社会的广泛关注，所以在体育考试项目中自然会想到从体质健康测试的项目中挑选，可以将其看作一种简单直接的对应关系。二是体育学习效果虽然反映在体质健康、运动技能及潜在的人格改变等多方面，但就评估的可行性而言，目前尚未形成统一的针对学生群体的运动技能评价标准，特别是在学生群体中有着广泛基础的足球、篮球等集体性运动项目的运动技能水平评估标准的研究还非常薄弱，对健全人格发展的评估更是无从谈起。虽然有学者提出，对运动技能与人格发展水平可以采用间接的、替代性评价，但操作程序都较为烦琐，需要有坚实的社会诚信体系作为保障，因此相对明确、操作简单的体质健康水平评价就成了体育考试的唯一选择。

以既定的几项体质健康测试指标构成体育考试内容，在很大程度上将原本作为"素质教育重要突破口"的学校体育催化成新的应试教育。关乎升学率的体育测试，造成诸多地区课程教学内容"简单低级重复"，让体育课围着"考试"转，体育课将变成"体能训练课""体锻达标练习课"，学生只是为"达标"而达标，而对体育锻炼的价值与意义缺乏理性认识。为了"达标"，很多学生会选择"临时抱佛脚"，而一旦完成"达标"，则很少会再上运动场，学生体育学习的积极性、主动性较低，不利于体育锻炼意识、锻炼能力的养成。同时，在信息技术时代，电子产品与网络游戏大量涌现，学生在有限的空闲时间里有了替代娱乐的方式，加之体育锻炼场地器材缺乏，进一步加剧了学生体育锻炼意识、习惯与能力的低下。

最后，学生的运动技能水平总体低下，大多数同学陷入"十二年学不会一项运动技能"的尴尬境地，从小学、中学到大学期间所学运动技能并非有序递进，而是"蜻蜓点水、低级重复"，且所学都是各项运动技能中某一单个技术，没有全面技术、没有组合技术、没有战术演练，学生不能在体育比赛中熟练、灵活、创新运用运动技能，很多同学从未参加过任何体育比赛，不懂运动项目的竞赛规则与历史文化，未真正体会运动项目的内在乐趣，无法在体育比赛中更有效率地促进身心健康发展，在闲暇里，不会去现场观看或通过电视媒体欣赏体育比赛。

（二）贯彻终身体育论的困境分析

由此可见，终身体育视域下的学校体育无论是打好学生身体素质基础的当下目标，还是培养学生体育意识、习惯与能力的长远目标，都没能很好地贯彻落实。综合各方对造成这一局面原因分析讨论，发现其影响因素是多方面的。

其一，体育意识与体育习惯的养成是终身体育形成的重要标志，是人一生积极主动、创造条件参与体育活动，实现身心健康发展的重要保障。在提出将终身体育确立为学校体育重要指导思想之初，对于体育意识与习惯培养的相关研究较为丰富，普遍认为体育意识与习惯的养成是实现学校体育与社会体育衔接的重要环节，注重从青少儿时期的身心特征开展体育教学设计。例如，在小学低年级不过度追求运动技能的"规范"和"标准"，更侧重于培养体育情感，提倡让学生从生动活泼、丰富多彩的感性认识中体验运动乐趣，以体育情感培养引导学习动机，将体育学习逐渐转化为学生自身的迫切要求；在小学高年级至初中阶段，利用已形成的良好体育情感融入体育知识的传授，强化对体育需求动机的引导，促进学生体育意志发展，体育行为成为学生自觉；高中至大学是学校体育学习生涯的后期，随着知识量的增加，个性化特征愈加明显，对选择体育活动项目的自由度要求更高，增加学生的体育自主性是将体育意识内化为个性特征的关键因素。在此基础上，小学体育游戏化、中学体育规范化、高中体育专项化、大学体育生活化的大致思路，对体育课程设计与实施提供了一条重要的线索。近年来，有关竞技项目教材化、体育素材教材化、全员运动会、体育教学走班制、专项体育课、大学体育俱乐部制等相关理论与实践探索，都以满足不同学段学生体育需求，培养学生体育意识与习惯为根本出发点。总体上看，对于体育锻炼意识与习惯培养的实践探索成果十分丰富，跨越全学段、涵盖课内外，但体育锻炼意识与习惯培养的实效却不尽如人意，一个重要原因是现有研究成果虽注重学生体育需求产生体育动机、体育动机催生体育行为、体育行为伴随体育意志、最终形成终身体育意识与习惯的总的发展机制，但不同阶段学生的体育需求是什么？怎样的体育内容与形式才能更有针对性地满足学生多样性的体育需求？体育意识是否就是按照单一、线性的规律发展，还是各种内外在因素之间交互影响等难点，还没有被充分解释出来，在很大程度上影响了体育意识与习惯培养机制的理论解释力与现实指导力。

其二，体育能力是实现终身体育科学性与实效性的根本保证，推动学校体育由"阶段体育"转变为"终身体育的一个重要环节"。体育能力强调学生对体育知识、技能、方法的掌握，却并不能停留在知识、技能、方法层面，而是更加关注知识、技能、方法在个体身上的综合与内化，注重知识、技能和方法的实际应用与表现。但是，就目前研究状况而言，很多有关体育能力的基本理论问题，如体育能力的内涵、目标、培养机制、课程方案等相关研究都较为贫乏，体育教学过程中重知识技能、轻能力培养的问题依旧十分突出[164]。

其三，掌握一项到两项可以陪伴终身的运动技能是实现终身体育的关键影响因素。但"12年体育课学不会一项运动技能"的现象已广为诟病，在终身体育锻炼和身体娱乐需要日益高涨的现实需求中，对学校体育要教会1~2项运动技能的期待越来越强烈。对此，学校体育工作者有着强烈的危机感与使命感，努力将教会教好运动技能当作提高学校体育工作的重要内容。但要教会教好运动技能，就必须加强体育学理研究和课程设计原理的研究，即学生在学校体育环境下应该并且能够达到的运动技能学习的"终极目标"在哪里？为实现目标最为关键的技术战术是什么？又该如何设计教程？具体而言，应该包括以下七个方面的理论探索：第一，根据终身体育锻炼的客观实际将运动项目进行侧重点区分，抓住终身体育所需的核心运动技能；第二，对终身体育重点项目的技战术能力水平进行清晰的、具体的、可测性研究；第三，筛选出各运动项目"最基本"（核心）技术、战术，明确重点内容；第四，根据学生的身心发育特点、素质发展敏感期、学校体育教学条件、技战术学习的难易度等因素，将"最基本"技术、战术排列成序，形成项目的"教程"；第五，将各运动项目的"教程"通过有机的穿插、配伍、排列，完成课程编制；第六，根据教程的阶段目标和难度、教学条件和教学特点等进行运动技能习得学理和教法研究；第七，根据各阶段学习目标，制定相应的技术战术达成评价标准。应该说，以上七项工作互相连接，环环相扣，缺一不可，但目前相关研究都较为薄弱，缺乏系统、科学理论指导的运动技能学习效果自然难言高效。体育教师和学生甚至根本不清楚运动技能学习应该达到的最终目标，不考虑现代学校班级授课制的教学组织形式对运动技能教学的不利影响，简单复制（缩短教程，减少技能）"运动员教程"式的体育课程设计思路，既缺乏课程理论的科学依据，也没有教学实践的成功经验，成了既达不到运动员的"会"，也抓不住普通学生的"会"的"四不像体育教程"[96]13-16。

其四，学校体育、家庭体育、社会体育既是终身体育的三大领域，也是终身体育的三个重要阶段，各阶段的目标体系在具有相对独立性的同时也有机衔接。家庭体育是终身体育的起点，对学龄前儿童的生长发育、健康习惯具有重要影响；学校体育是终身体育的基础阶段，它既要促进青少年儿童的健康发展，又要为终身体育习惯和能力的培养奠定基础；社会体育是终身体育的主体阶段，根据个人情况及可获得的体育条件，自主选择和开展体育活动。三个阶段的目标具有一致性、连续性和系统性，最终达到促进人的身心健康发展、提高生活质量的目的。因此，各方一直强调终身体育视域下学校体育工作的思路与方法应从三者协同的视角去思考，但我国的家庭体育与社会体育长期处于发展不充分状态，不能承担起终身体育的应尽责任，如家庭体育仍处于一种零散、自发的状态，家庭成员体育健身、休闲、消费的意识与能力普遍较弱，尚未形成以家庭成员为基础的、普遍性的、自觉的家庭体育氛围。政府主管部门对家庭体育的指导文件与配套措施几乎为空白，相关度最大的应属2010年印发的《3~6岁儿童学习与发展指南》，但这只是对幼儿身心健康提出了相应目标与要求，缺乏对于家庭体育的内容方法、条件保障与效果评价等操作性层面的指导。在社会体育层面，我国自1995年颁布《全民健身计划纲要》以来，社会体育工作被寄予"努力实现体育与国民经济和社会事业的协调发展，全面提高中华民族的体质与健康水平，基本建成具有中国特色的全民健身体系"的厚望，大力发展公共体育事业，实现体育的均衡发展，确保人民共享体育发展成果，成为公共体育服务核心理念和价值选择，努力构建由政府及体育行政部门、非营利体育组织（NPO）、营利性的体育组织的多类型公共体育服务供给主体，社会体育事业得到了长足的发展。但受政策、经费、场地、人员等多方面限制，社会体育全民健身实践一直处于极不充分的状态，短时期内政府的规划、引导、投入、监督、考评功能不能完全发挥出来，体育社团组织数量相对于锻炼群体基数而言严重不足，营利性体育企业的权益没有得到充分保障等问题，限制了社会体育实现快速、高质量的发展。因此，在过去很长时期内，学校体育并没有向家庭体育、社会体育主动靠拢、协同发展的主观意愿与客观条件，而是始终盯住学校体育自身亟待解决的突出问题，独立支撑学生身心健康发展重任。

基于上述分析可知，终身体育视域下学校体育工作的低效是由多方面因素所致，但自身在课程教学理论层面的薄弱与缺失绝对不容忽视，是导致终身体育思想在学校体育阶段贯彻落实不力的重要原因。因此要努力实现终身体育在学前、学校及社会各阶段的有机衔接，学校期间不同学段体育课程的一体化设计；从初步感受运动乐趣走向稳定的体育锻炼习惯，从粗浅的运动体验走向个性化的运动专长；增强教师引导走向具有自主评定、设计、实施、监督体育健身方案的能力，形成体育锻炼意识及习惯的培养机制、运动技能的形成机制和体育能力发展机制；强化学校、家庭、社会三者的协同机制等方面理论建设，提升终身体育视域下学校体育理论体系的完整性与实践指导力。

三、中层理论视域下终身体育论的梳理与补阙

（一）基于运动愉悦信念的体育习惯培养机制

虽然对于体育锻炼习惯的本质有完全不同的两类认识。一方面认为"体育锻炼习惯是经过反复练习形成的，是与内在需要有着密切联系的自动化行为方式或行为模式"。因此，体育锻炼习惯是"需要通过重复练习才能巩固

下来的自动化行为方式"。另一方面认为体育锻炼习惯的确需要反复练习，与内在需要密切联系，是比较稳固的、自觉参与、坚持身体锻炼的行为方式，但它不是自动化的行为方式，而是一直需要顽强意志和坚韧品质维系和支撑，因为要始终坚持体育锻炼必须始终不断克服自身的惰性、生活琐事的烦扰、锻炼场地设施的不便、工作任务繁重、运动负荷带给人身心的不适感等诸多不利因素的影响。但从理论分析与实践表现来看，专家学者更倾向于认为，体育锻炼习惯不同于动作习惯，动作习惯是一旦养成就不需要意志努力的自动化行为模式，而体育锻炼习惯无论在其形成过程之中或之后的坚持，都需要恒心和毅力不断克服自身的惰性和环境的阻碍，而恒心和毅力则来自坚定的运动信念。

已有研究认为，运动信念的建立是从个体需要出发，通过特定体育实践，获得深刻的认知体验，最终形成对于运动价值的确信与坚持，如运动健身信念，正是锻炼者从运动健身的动机出发，在体育实践中逐步深化体育运动具有增强体质、促进健康重要价值的认识的基础上逐渐形成的，具体作用机制如图 9-1 所示[165]。

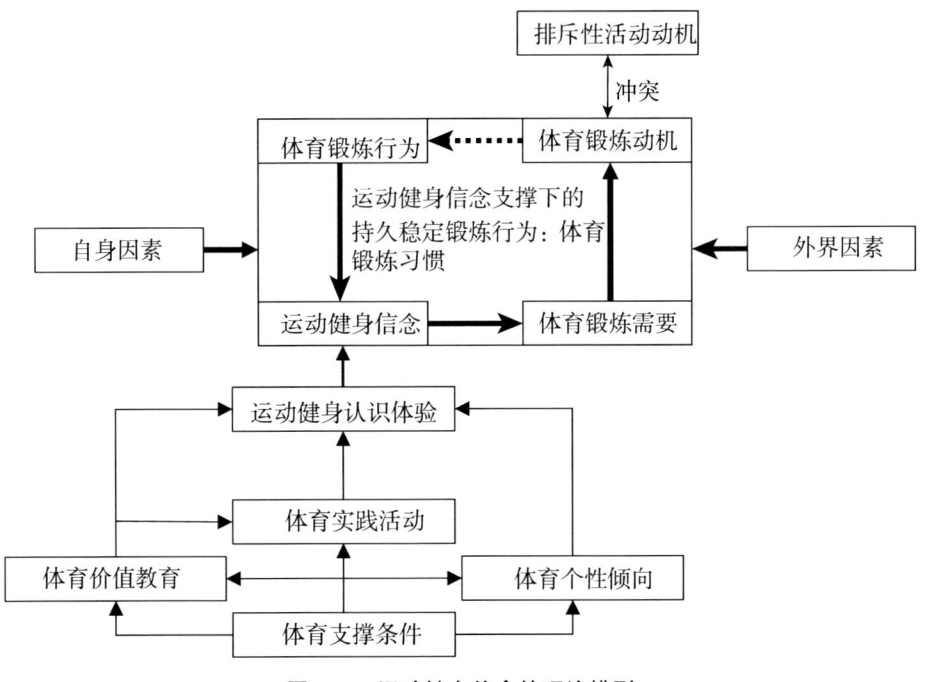

图 9-1　运动健身信念的理论模型

综上所述，具有持久稳定的运动信念是体育锻炼习惯养成的中介变量，也是重要标志。自然，无论构建何种体育课程模式，都应关注学生运动信念的建立。应该说，现有研究对于体育锻炼习惯形成机制的解释具有科学合理性，不足之处在于将体育锻炼习惯的支撑力量完全归于运动健身信念，忽视了运动信念的多元性。锻炼动机研究结论显示，体育锻炼的动机贯穿于终身体育锻炼，但并非单一的、静止的，而是多样的、动态的，青少年儿童体育参与坚持的首要动机并非运动健身，而是享受乐趣。因此，支撑青少年体育锻炼习惯养成的，主要不是运动健身信念，而是运动愉悦信念。

由上分析可知，让青少年儿童感受并不断强化的运动愉悦感，是建立青少年儿童运动愉悦信念的重要途径，也是体育课程模式设计的重要依据。传统的体育课正是忽视了青少年体育锻炼习惯培养的内在机制，或是以社会需求替代个人需求，将追求体质健康作为体育教学的直接目标，忽视青少年享受运动乐趣的动机；或是忽视不同学段体育课程模式设计应具有的差别，一直沿用"全面体验、蜻蜓点水、低级重复"的做法，并不符合青少年阶段体育学习的需要。因此，合理构建体育课程模式，以体育游戏发展低年级学生的运动兴趣和基础运动技能，以"专项体育课"强化青少年运动技能学习的成就感，更有利于青少年儿童运动愉悦信念的建立。如此，青少年儿童体育锻炼习惯的养成指日可待，主动运动不足与身心健康水平下降的问题也可迎刃而解。

（二）基于概括类化规律的体育能力培养机制

1. 体育学科能力的内在构成

林崇德教授是我国学科能力问题研究的奠基人，其主要观点大多成为学科能力后续研究的重要理论基础。他认为，"学科能力是学生掌握某学科的特殊能力，不同学科能力之间存在着明显的思维或认知的特殊性""在分析某种学科能力构成时，首先要揭示这种学科的特殊性，找出最能直接体现这种学科的特殊要求与特殊问题的一般能力"[82]6-12。比如，听、说、读、写四种能力就是与语言有关的语文、外语两种学科的特殊能力。运算（数）的能力、空间（形）的想象力、数学的思维逻辑能力明显地表现为数学学科的特殊能力。他的这一观点在其后各学科能力研究中得到了充分的肯定，如王祖浩教授认为，义务教育阶段科学学科能力涉及科学概念的理解、科学模型的建构、科学实验探究、科学符号认知、科学定量计算等多方面的能力要素[166]。杨玉琴博士基于化学学科本质及其特殊要求的分析，将化学学科能力的核心要素确定为"符号表征能力""实验能力""模型思维能力""定量化能力"[167]。徐斌艳教授以数学活动为视角，提出包括从数学的角度提出问题、数学表征与变换、数学推理论证、数学建模、数学问题解决和数学交流六大数学学科核心能力成分[168]。

对体育学科能力内涵的把握应从其自身特征出发，体现学生在认识和从事体育实践活动时必须具备的特殊能力。应该说，体育学科的自身特征在多年来与运动、竞技、保健、休闲等相关、相近概念的辨别中逐渐清晰，"体育是教育的组成部分，是所有儿童青少年必须接受的正规的身体教育，它要求按照一定的规律以系统的方式，借助身体运动和自然力的影响，作用于人体，完成身体发展的任务""增强身体素质、发展身体能力和道德养成是身体发展的三项任务，不可分离"[73]3。虽然体育学科性质、任务大体明确，但不同学者对于体育学科特殊能力内涵的认识不尽相同，其中毛振明教授以"可能性""必要性""最适合发展"为标准和判别尺度提出的体育学科能力结构具有广泛的代表性，即体育学科特殊能力主要涵盖从事运动的能力、体育锻炼能力、体育娱乐能力、体育观赏能力[169]。但体育学科能力的内在构成到底应该包含哪些要素，作为对体育学科能力评价的起点，仍需要我们加以甄别和厘清。

1995年，由加拿大和美国的健康、体育、娱乐与舞蹈联合会在北美论坛共同制定了《学校体育的全球性展望》。这是一份成为其后各国学校体育改革的主要依据，代表身体教育发展方向与趋势的重要文件。在这一文件中，以指导性纲要的形式提出了"受过身体教育的人"（A Physically Educated Person）应达到的三个方面的七项目标。第一，拥有能够保持其身体健康的各种活动技能，包括：①能有效地利用身体的空间感觉进行运动的技能（感知能力）；②具有身体控制、移动和平衡的技能并能协调地运用这些技能（运动能力）；③能够依据自身需要设计可行的健身计划，并能坚持实施以保持一定的身体素质水平（自我决策能力）；④具有为终生参与身体活动的基础能力（至少能掌握一项活动技能）。第二，实际行为表现，把经常或定期参加（个人的或集体的）身体活动融入了自己的生活方式之中。第三，认识和理解方面：①重视并善于利用身体活动为自己提供的终身享受快乐、自我表现和社会互动的机会；②在身体活动的社会环境中，表现出对他人的理解和尊重，表现出积极的个人和社会责任感[170]。上述目标很快成为各国政府及教育部门对于学校体育整体成效的考核标准。可以看出，毛振明教授提出的体育学科能力结构在尽力完整地反映诸项目标。但同时，我们应该看到这一目标体系中不仅包含能力目标，也包含知识、技能、态度、情感、价值观等不同类型的目标，如第二方面和第三方面的目标，主要是论述态度、情感、价值观的目标，只有第一方面的目标重点论述体育学科能力的发展要求。对应来看，体育娱乐能力和体育观赏能力更应归属于态度、情感的目标领域，运动技能学习能力和体育健身能力才是能力目标领域的核心内容。下面对终身体育视角下运动技能学习能力与体育健身能力的具体结构和内容做进一步解析，为体育学科能力的培养与评价提供理论依据。

（1）运动技能学习能力的内容框架

体育运动项目种类繁多，其中所包含的运动技能数量更是庞大，为了高效地掌握运动技能，人们一直在探索一套更为合理的运动技能学习的程序、步骤、环节、策略和方法，学生对于这一套运动技能学习方式的掌握程度决定了其运动技能学习能力。在我国学校体育教学领域，主要是指导学生从身体姿势、动作轨迹、动作时间、动作速度、动作速率、动作力量、动作节奏七个要素去认识、分析、掌握运动技能[171]。在欧美国家，则强调从身体意识（Body Awareness）、空间（Space）、运动特点（Qualities of Movement）和关联（Relationship）等方面构建课程教学结构[172]。

虽然国内外所提倡的分析和认识运动技能的要素不相同，但都是强调以概括、类化的方式组织学习，以求发现不同运动技能之间的共性特征，总结出运动技能学习应该遵循的规律、原理。例如，我们可能从标枪、棒垒球等投掷动作学习过程中认识到鞭打动作的基本原理。人体结构可以看作由关节将身体各环节相连的"环节链"，在体育动作中，当肢体的近端环节到远端环节依次加速与制动，各环节的速度也表现为由近端向远端的依次增加，最终在环节链末端产生极大的速度和力量。体会到完成鞭打动作应符合参与工作肌肉预先拉长，各关节表现出活动的顺序性，重视小关节结束阶段的配合等特征[173]。除鞭打动作原理外,摆动动作原理、相向动作原理、冲击动作原理、缓冲动作原理、蹬伸动作原理、维持平衡与稳定原理、抛体运行原理、流体运行原理等,也都是在运动技能共性基础上概括而来的,共同构成了运动技能学习的内容框架(图9-2)。分析清楚了运动技能学习能力的内容构成,就可以创设类似的体育学习情境,在动作情景再认、动作行为决策、技术动作迁移表现的过程中发展运动技能学习能力,如可以利用排球的挥臂击球动作(包括发球和扣球)、羽毛球挥拍击球动作(包括发高远球、扣杀球等)、自由泳的打腿动作等诸多项目的运动技能学习情境[92]48,来帮助学生抓住鞭打技术动作的主要结构特征,合理运用鞭打动作的完成原理与规律,提高动作完成质量。

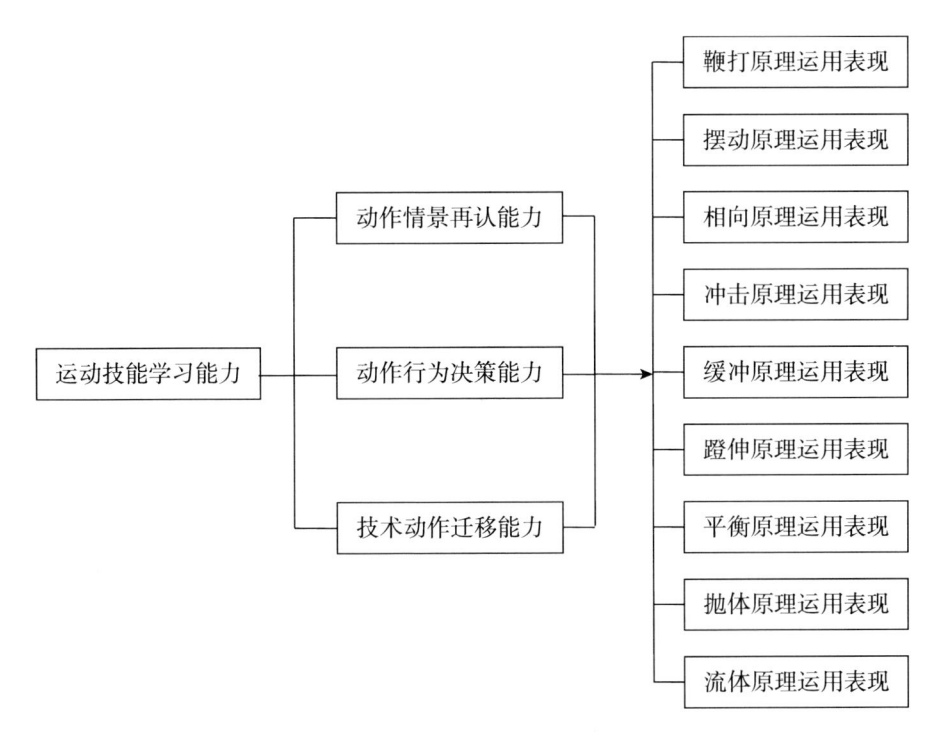

图 9-2 运动技能学习能力框架

(2)体育健身能力的内容框架

在现代社会生活方式的负面影响下,"运动不足"已成为威胁人类健康最主要的、独立的危险因素。为此,在各国锻炼指南中,无一例外是以降低糖尿病、高血压、骨质疏松症、关节炎等慢性病发病率为首要目标。体育运动对人体各大系统具有全面积极的影响，如增强心肺功能、促进骨骼健康、加强关节稳定性、提高免疫力、调节神经系统等[174]。但要充分发挥体育锻炼增强体质健康、预防慢性病的积极作用，不仅需要学生充分认识体育健身的功能，更为关键是在学习过程中提高他们对于体育健身原理的运用能力，这是体育学科能力的重要组成部分（图9-3）。其一，对健身者体质健康状态的评定原理，包括身体形态评定和身体机能评定。因为体质健康状态的评定关系到体育健身活动起点设定、过程调控、结果反馈等多个环节，其主要的评定原理必须引导健身者熟练掌握与运用。其二，对体育锻炼内容的选择原理。虽然体育锻炼对于体质健康促进具有普遍意义，但郭建军博士等研究者发现，不同项目的运动包含着促进体质健康不同成分的"营养素"，如要全面满足健康需要，需将这些"健康元素"从具体项目中拆解出来，重新搭配[175]。因此，准确分析不同锻炼项目的健身价值，并根据锻炼者体质健康评定结果合理搭配，才是体育锻炼内容的最佳选择。健身者必须掌握体质健康问题是由何种"运动不足"所致，以及对于运动项目健身价值分析、分解及组合规律、原理。其三，对体育锻炼负荷的调控原理。特别是把握以有氧锻炼为代表的强度调控，以及由练习时长、频次构成的量的调控原理。同理，对上述体育健身原理运用效果，实则是健身问题确认能力、健身方案重组能力、健身行为调控能力的外在表现，也构成了体育健身能力发展的主要内容。

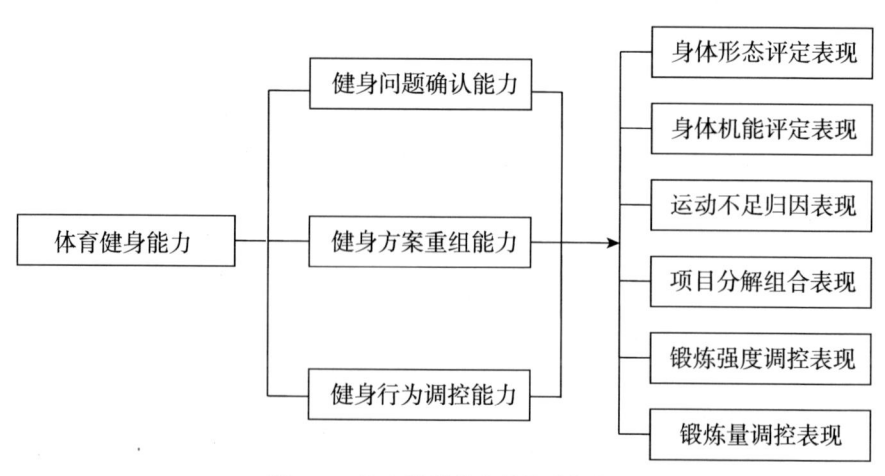

图 9-3 体育学科能力的构成框架

2. 体育学科能力的形成机制

学生的学科能力是其在获得学科知识的基础上通过概括化（或类化）而形成的。学科能力的发展虽然依附于学科知识的掌握，但又不能归结为学科知识，是在对学科知识的概括化（或类化）等智力活动中形成。相应地，学科教育教学活动的过程，必须从过去以传授知识为重点的再现型教育，转变为在传授知识的基础上，重视智力、能力发展的发现型教育，一切学科能力都要以概括能力为基础，即教师在教学中注意启发学生对所学内容进行概括总结，引导学生自己总结出其中的规律、原理、原则，培养和提高其概括总结的能力。概括是在思想上将许多具有某些共同特征的事物结合起来。概括的过程，是把个别事物的本质属性推及为同类事物的本质属性的过程，是由个别通向一般的过程。学生的学科能力正是其在获得学科知识的基础上通过概括化（或类化）而形成的。抓住了概括能力，就抓住了学科能力培养的基础与核心问题。

概括化理论（Generalization Theory）的提出者——贾德（Judd，1908）以其著名的水中打靶实验告诉我们，学生在学习过程中对本质规律的概括能力，可以通过其将概括的结果运用在新情境中的实际效果加以显现。贾德的实验以十一二岁的小学高年级学生为对象进行水中打靶练习，实验过程中，部分学生更善于在进行水中打靶练习的同时，注意观察现象、分析原因，而另一部分学生虽勤于练习却疏于原理的概括。当改变水中目标的深度时，前者的打靶成绩明显优于后者。贾德认为，只有真正概括出光在不同介质中折射的规律，才能更好地将原理在不同深度的特殊情境中加以运用，在实际练习时针对不同深度的靶子很快做出调整和适应[95]288,350。在深度条件变化时学生打靶成绩的优劣，可以反映出他们之间概括能力的差异。因此，具备良好概括能力的学生，在学科知识技能的学习过程中，能够更加主动、更加准确、更加凝练地概括出学科原理、原则，并且在面临新情境、新问题时，较概括能力欠缺的，甚至是死记硬背原理、原则的学生而言，能够更加合理、快速地去选择和应用学科原理。换言之，我们可以设定需要应用学科原理才能解决的各种新问题，通过学生对于问题本质的判断、解决路径的选择、相应原理的运用来发展和测试学生的概括能力，进而发展和评价出学生的学科能力。

专家知识系统一直是学习心理学研究领域的热点问题之一,对专家知识的现代研究结论,能帮助我们进一步理解概括能力与新情境问题解决能力之间的关系。研究发现,专家不仅具有庞大的知识储备,更具有独特的知识组织方式,专家总是围绕中心原理来组织他们的知识,而新手则是围绕问题中陈述的细节来组织知识。这样一来,专家在面临一个新问题时,能够更为快速、准确地理解和表征问题,既有利于对问题进行归类,也有利于他们采用已掌握的原理和路线去解决问题。因此,从表面上看,专家很少对细节进行自下而上的加工,却似乎有一种直觉,能很快找到问题解决的模式。根本原因是专家对于知识的概括能力,使其对于新问题的解决过程,更接近于对于旧问题的再认识过程,把新问题看成过去解决过的旧问题的一个"伪装"版本。通过研究运动专家与新手的差异发现,运动专家较其他人似乎更具认知优势而非身体优势,尤其是从先前线索中获得信息并进行准确推测的认知加工特征,是运动专家在长期练习过程中形成的一种独特的认知机制。虽然还不能完全解释专家对线索的利用能力如何获得,在哪个阶段上获得,这些能力能否通过特殊的训练程序快速捕捉到还存有疑问,但有一点非常明确,那就是,运动专家对于大量复杂运动情境中共同特征的概括,提高了他们对于先前线索的再认能力,才有了更具提前量和针对性的比赛行为[176]。

综上所述,学科能力是在学科知识的概括化学习过程中发展起来的,必须强调"学生对核心课程知识的深度理解以及在真实的问题和情境中应用这种理解的能力""学习者对于学习情境的深入理解,对关键要素的判断和把握,在相似情境中能够做到举一反三,也能在新情境中分析判断差异并将原则思路迁移运用"[172]69。基于此,对于学习情境的创设与利用非常关键,通过创设和利用具有真实性、变异性和可迁移性的典型学习情境,助推学科能力的培养。比如,让学生独立或通过小组合作的方式对家庭、社区成员的健康状况和健康行为进行专题调查;为社区内不同健身需要的群体制定具有针对性的健身方案并指导实施等。真实的健身问题情境不仅将知识技能教学和探究解决现实问题结合起来,也能更好地激发学生的学习热情,培养其实践能力。

(三) 基于个性化发展的体育课程一体化设计理论

1. 体育课程一体化设计的逻辑性困境

终身体育思想诞生于后工业社会国家。为了人一生的健康及充实、愉快地度过闲暇，必须在青少年的体育志向、技能、素质、品行、知识、适应力等方面打下良好的基础，保证青少年从学校走向社会时，已经做好各方面的准备，自然由学校体育过渡到社会体育，并最终成为"终身体育人"。因此，如何在终身体育思想指导下，做好大中小学体育课程一体化设计，在不同的学段合理安排体育课程内容与形式，是非常关键的问题。

学校体育课程一体化是指把学校体育的纵横联系统一和协调起来。从纵的方面来说，要将幼儿体育、小学体育、中学体育、大学体育各环节统一起来，充分体现到学校体育的阶段性、连续性和整体性；从横的方面来看，要将学校体育置于与家庭体育、社会体育协同的整体观下协调三者之间的关系，这是终身体育与学校体育需要共同考虑的长远目标。

要实现学校体育课程一体化，前提是发现体育知识系统的内在逻辑性与递进性。自20世纪90年代，面对着体育课程编排的"非逻辑性""非阶梯性"等现实问题，学校体育理论界开始努力探索将体育课程编制的理论和方法。诸多学者认为，终身体育思想下学校体育的目标任务包含有志向、技能、素质、品行、知识、适应力等多方面，相应地，在课程设计过程中应该有比较全面的体现，但首先要解决的核心问题是"技能"的一体化，因为良好的运动技能是参与体育运动志向、提高运动素质、培养体育品德的前提，所以"终身体育"视角下大、中、小学体育课程设计的逻辑应该是以运动技能为中心、为线索的。但遗憾的是，恰恰是"大、中、小学体育课程的衔接及其逻辑性"的理论问题与实践方法一直都没有得到妥善解决。自20世纪90年代中期以后，在学校体育界普遍质疑"蹲踞式起跑从小学到大学一蹲到底，前滚翻从小学到大学一滚到底""上了12年体育课都掌握不了一项运动技能"等体育课程教学"低级重复"的现象，这本质上是对学校体育课程设计的基本逻辑性和科学性的拷问。

最初的做法是学习数学、物理等学科，依据学科知识内容的难易程度及学生的身心发展规律将体育学科的运动项目知识体系进行梳理，然后再依次编排在小学、初中、高中、大学的体育课程之中，如由教育部颁布的《中小学体育教学大纲》《普通高中体育教学大纲》和《普通高校体育课程教学指导纲要》一直都体现着在这方面的探索和努力。但由于体育学科项目之间、项目内部无明显的逻辑递进规律，再加之体育教师多项目教学能力不足、体育教学场地器材紧张，以及学生在体育学习能力的个体差异等因素，增加了寻找体育学科知识体系内在逻辑的难度，过去《中小学体育教学大纲》的理论探索与实践努力的无功而返充分证明这是一条走不通的"死路"。

改进方向是以各学段的主要任务与学习需要为逻辑主线，如小学低年级学生多参与基础活动组成的游戏，促进全面发展；小学高年级学生体验多种运动项目，打下运动技能学习基础；初中学生更深入地参与各种运动项目，并正式全面学习运动技战术；高中学生追求个性化的运动技能，重点发展专项技能；大学是学校体育链接终身体育生活的最后阶段，开始全面理解运动文化的意义，并且自主参与与享受运动。基于上述分析，大、中、小学的体育课程设计思路大致可以理解为：小学低中年级瞄准全面发展基础运动技能与各种活动性游戏—小学中高年级瞄准运动素质发展与运动项目基础技能—初中瞄准专项素质发展与运动技术的规范化—高中瞄准专项体能与专项技能的发展—大学瞄准运动文化学习和终身体育项目[162]91-97。但这种设计逻辑存在诸多疑点：①依然缺乏精选各学段所学项目以及运动技术的依据；②各学段运动技能学习与身体素质发展应该达到的标准，如何真正体现出各学段之间的层次性等，使得按照学生各学段发展的主要目标与兴趣重点为逻辑线索编排体育课程的办法依然行不通。

2. 体育课程一体化设计的个性化发展视角

显然，终身体育视角下的大、中、小学体育课程一体化的设计与实施不能很有效地执行下去，除了学科知识体系缺乏明显的内在逻辑和现实条件的困境等因素，更主要的是缺少真正理解"终身体育"需要的课程设计理论。因为终身体育是后工业社会、闲暇里人们根据个人需要自由、自主选择的体育，是高度个性化的体育，在本质上和传统的班级授课制下给学生安排统一的内容、统一的进度、统一的标准的做法有着本质不同，适应全部学生的统

第九章　终身体育论：模糊的锻炼机制与实践路径

一的体育课程编排逻辑没有可能存在，并且对于终身体育的现实需要来说，也不应该存在。如果我们在进行课程设计时忽略了这一前置条件，无论做什么样的努力都会觉得实际效果不尽如人意，甚至是南辕北辙。因此，终身体育视角下的大、中、小学体育课程有机衔接最重要的是如何在现行的学校体育工作制度范围内寻求突破，构建每名学生在每个学段都可以根据自己的运动需求选择和发展运动技能的延续机制与制度，确保每个学生根据自我终身体育的需要由浅入深地掌握好1~2项运动技能。

基于上面的论述和分析，可以得出一个结论：构建大、中、小学有机衔接课程方案的前提是努力保证全体学生具有一个的个性化、专项化体育课程体系。因为"擅长的运动"一定是个性化的，是符合每个具体学生的具体需求的，希望全体学生都擅长一样的技能，不符合学生身心特征差异、运动项目的多样性特征和学校体育教学传统与教学资源上的差别，而要达到"运动的擅长"，就一定需要一个长期和深入的技战术学习过程，一个"多吃多餐"的教学过程，以及一个跨学期、跨学年的"超大单元"的教学过程设计。因此，从"让学生真正掌握1~2项运动技能，为终身体育打下坚实基础"的目的出发，各学段安排选择性"专项化"的教学过程势在必行。小学低年级阶段（1~3年级）是学生兴趣爱好广泛、分散的时期，乐于尝试但不易坚持，是全面发展学生身体素质，充分体验各种运动项目的最好时期，也是可以继续按照原有课程设计及行政编班组织教学的阶段。进入小学高年级以后直至初中阶段，学生兴趣逐渐分化，学生自我意识增强，个性化特征日益明显，对于运动项目学习的选择性要求提高，此时应该积极推动可选择性的专项化体育教学，让学生开始系统、全面学习所选运动项目的专项技术与专项体能。高中阶段学生有进一步提高自身运动技能的需要，并希望在一定水平的运动竞赛中去竞争、体验、提高、享受运动。大学阶段是学校体育阶段的末期，是终身体育由学校阶段转向社会阶段的过渡期。大学生个性特征趋于稳定，有充分的自主时间和选择条件，以及良好的文化基础，可以更全面、深刻地理解运动之于现代社会人们生活的价值与意义，会创造性地利用现实条件去参与、享受运动。

总之，让每个学段的每名学生都可以根据自己的身体特点与爱好，探索建立运动技能的选择性和专项化教学的延续机制与制度，是大、中、小学体育课程一体化设计重要的学理依据,也是研制普通学生在运动专项技能学习各阶段的过程、标准、形式的重要支撑理论,如上海体育学院研制的普通青少年运动等级标准,"走班制""专项体育课""三自主选课制"等具体研究成果,以及在大中小学有机衔接的体育课程教学体系中依据现实条件和可选择机会不同,分别设计的"完全连贯型""完全分段型""部分连贯型""前缺后连型""前连后缺型"等课程实施方案,都是在终身体育思想下大、中、小学体育课程一体化设计理论指导下的具体实践方案。

(四)基于"家—校—社"联动的体育教育系统

1. 学校、家庭、社区一体化联动机制尚未形成

"终身体育"涵盖一个人一生中全部的正规的、非正规的体育教育,包括在学校、家庭、社区的时空范围内开展的各种各样的体育健身、游戏、竞技、休闲活动等。学校体育作为终身体育的一部分,需要从三者协同的整体框架下去思考学校体育的性质定位、工作内容与运行机制等。从纵向上看,终身体育是一个动态的、有序的、连贯的大系统,包含学前体育、学校体育和学校后体育三个阶段;从横向上看,终身体育又是一个开放的、综合的、统一的大系统,包含家庭、学校和社区三个部分。依据系统论的观点,一个子系统的改变,必然会引起其他各子系统的变化,为了实现系统整体功能最大化,必须建立学校体育与家庭体育、社区体育各子系统之间的联动机制。在实现终身体育的过程中,学校体育、家庭体育、社区体育三者如何定位、如何分工、如何协作、如何联动,特别是作为"阶段体育"的学校体育,与作为"终身体育重要环节"的学校体育,如何帮助儿童青少年积极、主动融入家庭体育和社会体育环境,合理地将所学体育知识、技能运用到自主体育锻炼中,善于利用家庭体育、社会体育条件开展健身娱乐活动,是确保学生离开学校、走向社会以后,体育学习链不被中断的重要保障[177]。

如前所述,尽管从理论上讲,校内外都存在体育教育机会,家庭和社区也应努力营造体育学习、锻炼的条件,青少年儿童在学校掌握体育的基本知识、技能,在家庭和社会体育环境中继续运用与提升,才更加符合终身体育的要义。而且,从纵向看,家庭体育之于学龄前儿童的生长发育、健康教育

具有重要影响；学校体育既要保证青少年儿童的健康和生长发育，又要为终身体育奠定基础；社会体育是学校体育的发展和延伸，根据个人的情况在社会环境下灵活自主地选择和从事体育活动。政府数次下发文件，推动学校、家庭、社区体育的有效衔接，如2007年《关于加强青少年体育增强青少年体质的意见》中明确提出"完善学校、社区、家庭相结合的青少年体育网络"、"加强家庭和社区的青少年体育活动，形成学校、家庭和社区的合力"；2012年《关于进一步加强学校体育工作的若干意见》提出"完善学校、家庭与社会密切结合的学校体育网络"；2016年《关于强化学校体育促进学生身心健康全面发展的意见》中提出"鼓励学生积极参加校外全民健身运动，中小学校要合理安排家庭'体育作业'……逐步形成家庭、学校、社区联动，共同指导学生体育锻炼的机制"；2018年，习近平总书记在全国教育大会上指出，办好教育事业，家庭、学校、政府、社会都有责任。近年来，党和国家有关加强青少年体育工作的重要文件中，可以清晰认识到要有效提高青少年的体质健康水平，绝不能单靠学校体育的力量，一方面要落实对学生"终身体育"习惯与能力的培养，另一方面必须建立起学校、家庭、社区三者间的合理分工和有效联动机制。但现实情况是由于各方认识不足、资源欠缺、沟通不畅等，学校、家庭、社区三者合力机制还未形成，亟待借鉴相关国家经验，构建终身体育视野下的学校、家庭、社区一体化联动机制。

但实际状况是，目前家庭、社区的体育资源尚不能对终身体育形成有力支持。第一，家长体育素养整体水平较低，大部分家长对体育参与尚停留在观念支持层面，缺少实际的行动表率[178]；第二，社会体育指导员、社区体育志愿者多为年龄较大的退休女性、专业资质不完备，缺乏专业体育知识技能[179]；第三，社区体育场地资源匮乏，无法满足辖区内居民体育健身需要，只能借助学校体育场地、社会营利性体育场地及其他公共场所开展活动[180]。家庭成员体育素养的缺失、社区体育工作者专业素养的缺乏，以及社区体育场地的供求矛盾最终导致家庭、社区难以为学校体育提供有力支持。学生仅在学校范围获得较为正规、系统的体育教育活动，离开学校到家庭、社区以后就基本中断了。在此背景下，学校体育需要独自承担着学生体育锻炼习惯养成、体质健康水平提升、运动技能掌握，以及科学健身能力发展的全部任务，欲抓住全面目标又往往力不从心，终身体育始终无法真正落实。

2. 我国"家庭—学校—社会体育"一体化机制构建

鉴于目前终身体育思想下我国"家庭—学校—社会体育"一体化机制构建的相关研究仍较为薄弱，可以先从发达国家的成功经验中寻求借鉴。美国是开展家校合作的先驱，已经形成了完善的政策导向、组织保障和培养机制。例如，1965 年美国联邦政府颁发的《基础教育法案》，明确规定了家庭和社区在学校教育中应该发挥的作用。此外，2002 年颁发的《不让一个孩子掉队法案》界定了在教育活动中家庭、社区、学校三者的伙伴关系，为实现教育合作提供了政策支持；明确提出由全国、州级、地方三级"家长—教师联合会"共同构成金字塔型的组织体系以及家庭、社区与学校的协作网络，为教育合作提供了组织保障；运行机制方面，"家长—教师联合会"制定的《家长和社区国家标准》提出参与教育合作的家庭和社区成员应具备的资质要求，各州级联合会制定针对家庭、社区能力提升的专门计划，以及家庭、社区参与教育工作的平台、官方网站。

美国学校体育也受益于教育合作的成功经验，以多种方式将社区和家庭纳入学校体育工作体系之中。其一，推行学校、家庭、社会共同参与的行动计划。其中，成效最为显著的"综合性学校体育活动计划"，就包括优质的体育课程、校内体育活动、校外体育活动、家庭和社区参与五方面，既提升了学校体育教育教学质量，也挖掘身边的各种身体活动内容，推进学校体育的生活化。2016 年，美国卫生及公共服务部等部门推出了"学校、社会、学生共同参与模式"（Whole School, Whole Community, Whole Child Model, WSCC），在 WSCC 的实施过程中，学校、家庭、社区各司其职、协同配合，在促进身体活动、养成饮食习惯、改善青少年肥胖等方面均取得了良好效果。其二，推行体育作业制度。1989 年，圣地亚哥州立大学启动 SPARK 课程计划，以家庭体育作业的形式促进学校与家庭、社区之间的协调合作，提升学生课外体育参与的效果。目前，美国大部分中小学都实施了家庭体育作业制度，相关研究表明，家庭体育作业制度充分调动了家长及其他社会成员参与体育活动的积极性，家长、学生共同参与完成体育作业，既创造家长与学生共享欢乐时光的机会，也取得共同健康的良好效益。

英国强化公民福利的青少年体育运动信托组织及其战略计划。英国存在学生放学离校后体育活动参与不足的问题，为促进英国青少年积极参与课外体育活动，1994年，约翰·贝克维斯爵士牵头成立了青少年体育运动信托组织，致力于推动英国学校、社区、家庭等不同场域中的青少年体育运动，包括由俱乐部、社区以及志愿者服务为校外青少年体育提供保障条件，组织教练员为青少年课外体育提供专业指导，开展形式多样的青少年体育赛事等，促进青少年终身体育意识的培养以及身体、智力、意志品质的全面发展。2013年，英国发布《运动改变生活：2013—2018年青少年体育信托组织战略计划》，规定了学校、社区、家庭在青少年体育工作中的角色与作用，即学校为青少年的教学、训练和比赛提供优质的资源保障，处于中心领导地位；社区为提供良好的体育设施与专业指导，负责教练员、志愿者培养等方面的专项资助，属于合作伙伴角色；家庭为青少年营造积极健康的氛围，属于支持者角色。

澳大利亚于自2005年开始实施"课外社区体育活动"计划（2005—2014年），将社会体育组织、社区组织和家庭等全部纳入青少年体育工作体系，通过建立服务中心、培训教练员、鼓励家长参与、监督评估实施效果等环节，共同为青少年创造优质、安全、有趣的课外体育活动环境，提供免费的体育服务，激发青少年的体育参与意识与热情。截至2014年，"课外社区体育活动"计划已经惠及200万学龄儿童、70000名教练和6000所学校。自2015年起，澳大利亚又开始推广实施"运动学校"计划，通过专业体育组织制定高质量的行动纲领、引导更多的青少年加入校内外体育俱乐部、保障校内外体育活动条件、提升家长支持和指导青少年体育参与的效率等途径，培养澳大利亚青少年终身体育习惯和能力。

基于"终身体育"要求，借鉴国外成熟经验，结合我国青少年体育工作的具体问题，有必要从以下五方面去构建学校、家庭、社区联动机制。①正式与非正式制度结合，提升政策执行效力。由各级政府层面颁发具有指导性和强制性的三方合作的政策依据，由社会与民间团体提出具有民众自觉的价值追求和行动方向。②衔接学校、家庭、社区的生活化的体育活动内容。整合学校体育课内教学与课外活动内容，促进学校体育的社会化、生活化，为社区和家庭成员的共同参与创造条件。③发挥家庭体育作用。加大家庭体育的宣传和培育力度，引导家长正确认识青少年体育工作的重要意义，提升家庭成员体育素养，帮助家长提高指导青少年校外体育活动的能力，为孩子创造有效、安全的体育参与环境。④体育作业是学校体育教学的有效延伸，通过体育作业拉近"家庭—学校—社区"之间的距离，促进家庭和社区成员了解和参与青少年体育。⑤提升社会体育专业人员的综合素质，完善社会体育指导员队伍的数量和专业水平，同时探索推进青少年体育志愿服务体系建设，吸引各方的体育专业人员参与青少年体育服务工作。

四、结语

终身体育思想指导下学校体育工作的关联因素众多，既有人们对于体育的观念认识问题，也有家庭、社会等外部体育软硬件的环境问题，而这其中，终身体育视域下体育课程体系的设计与实施才是学校体育最应解决的关键问题。近年来，学校体育领域的专家学者对于体育锻炼习惯的培养机制、大中小学体育课程内容一体化设计、体育学科能力的培养与评价、"家庭—学校—社区"体育三者有效联动机制等做了相关理论探讨，提出了游戏化情景化教学、竞技项目教材化设计、走班制、普通高中专项体育课、大学体育俱乐部、体育作业、向社会力量购买青少年公共体育服务等实践举措，但从终身体育思想下学校体育理论的公信力与实践的普及度来看，学校体育理论体系的科学性与系统性尚有不足之处，仍需要在当前人们健康意识逐渐加强、社会体育环境不断优化、学校体育改革内涵发展的大背景下，真正构建起"宏观指导思想—中层支撑理论—实践操作方案"三层次的学校体育理论体系，提升终身体育思想与方法体系的自洽性与实践指导力。

第十章

健康体育论：被放大的学校体育功能

"健康第一"学校体育指导思想已广泛、深入渗透到学校体育的方方面面，上至《体育与健康课程标准》等学校体育工作的纲领性文件，下至学校运动会、校园文化节的标语口号等，都充分展示出"健康第一"是当前我国学校体育改革的主题与特色。但对于"健康第一"学校体育指导思想的理论认识并未真正取得统一，甚至可以说还存在暂时无法弥合的巨大分歧，"健康第一"指导思想下学校体育的实践模式与实践成效备受争议。

一、健康体育论的主要观点与实践模式

（一）健康体育论的主要观点

1999 年《中共中央国务院关于深化教育改革全面推进素质教育的决定》指出："健康体魄是青少年为祖国和人民服务的基础前提，是中华民族旺盛生命力的体现。学校教育要树立健康第一的指导思想，切实加强体育工作，使学生掌握基本的运动技能，养成坚持锻炼身体的良好习惯。" 21 世纪伊始，伴随着基础教育改革大潮，学校体育提出了"健康第一"的指导思想[181]8-11。《义务教育体育与健康课程标准》[2001 年（试行版）和 2011 年（实施版）]都明确要求"坚持健康第一的指导思想，促进学生健康成长"的课程基本理念，将课程性质规定为"本课程是以身体练习为主要手段，以学习体育与健康知识、技能和方法为主要内容，以增进学生健康，培养学生终身体育意识和能力为主要目标的课程"。

学校体育指导思想的提出是对学校体育功能与价值的选择。首先，学校

体育内容的多来源性使得学校体育具有多功能性。因为体育的内容产生于不同的文化现象，如规范集体行为表现的宗教礼仪活动、培养士兵战斗力的军事活动、创造劳动产品的日常生产活动、注重交往与愉悦信心的民间身体娱乐活动、提高审美能力的艺术活动、发展基本活动能力的身体锻炼活动、修身养性的养生与保健活动等，体育继承了文化母体所具有的多样性特征，使体育学科具有了多方面的功能。其次，人们对学校体育价值选择受不同时期、地域、社会、经济、文化等背景的影响，如富国强兵时期的军国主义体育思想、国家重建期的体力教育思想、经济高速发展时期的竞技体育思想、后工业期的休闲体育思想、终身体育思想等，足可以说明特定时期体育思想的提出与经济、社会的发展要求是紧密相连的。

"健康第一"的学校体育指导思想受当前社会、经济发展的制约。自改革开放以来，我国物质生活水平快速提高、卫生医疗条件极大改善、优生优育基本国策广泛推行，但中小学生体质健康问题却更加突出，青少年耐力、力量、速度等体能指标持续下降，视力不良率居高不下，城市超重和肥胖青少年的比例明显增加，由此学校体育表现出向健康看齐的价值取向。体育学者从不同角度探讨体育促进健康的功能、价值、机制，构建基于"健康第一"取向的学校体育课程内容、方法与评价体系。

（二）健康体育论的实践模式

为贯彻、落实"健康第一"的学校体育指导思想，以华东师范大学季浏教授为代表的一批学者在长期理论研究和实践探索的基础上，构建了中国健康体育课程模式。中国健康体育课程模式是基于我国中小学体育与健康课程标准，研究借鉴国内外的学校体育课程理论和方法，同时广泛考察一线体育课堂教学实践的基础上提出的。中国健康体育课程模式从2016年初开始，逐步在全国多个省市的50多所中小学设立了实验基地，受众超过10余万名基地学生[182]。

构建中国健康体育课程模式遵循21世纪初以来《体育与健康课程标准》倡导的"健康第一"指导思想，以及"以身体练习为主要手段，以增进学生的健康为主要目的"课程性质，旨在通过体育与健康课程的教学努力解决我国学生身心健康，尤其是体质健康问题，促进学生达成"体格健美，体能强健；意志坚强，乐观开朗；团结合作，品德高尚"等目标。

我国健康体育课程模式认为要解决学生身心健康问题，除多方共同努力外，更应该保证每节体育课的高质量、高效益，将体育课作为提升学生身心健康水平的主渠道。课程模式的设计与实施环节，紧盯我国学校体育"学生体质健康水平持续下降""上了12年，甚至14年的体育课，一项运动技能也未掌握""学生喜欢体育活动却不喜欢体育课"三大顽疾，抓住"运动负荷、体能、运动技能"三个关键要点，把增进学生身心健康贯穿于体育教学的全过程，即无论学习目标的设置、教学内容的选择、教学方法的采用等都要有助于促进学生身心健康发展。

关于教学内容，强调要将运动技能作为提高学生身心健康水平的手段和载体，但运动项目很多，每项所涉及的内容也很多，而体育教学时数毕竟有限，只有选择学生喜欢课内外积极主动参与的运动项目，通过精选、精学、体验成功感，学生才有可能在课堂上积极地学，课外主动地练，身心健康水平的提高才有基础。关于教学方式，特别强调学生的运动能力主要是学练出来的，而不是说教出来的，避免教师说得多、学生练得少的"说教课"传统教学形态，将教师的有效指导建立在学生充分学练的基础上。每节体育课学生停止练习、教师集中指导的时间控制在10分钟左右，每节体育课的运动密度应该在75%左右，所采用的运动强度应该使学生运动中心率达140~160次/分钟，提高课堂的练习密度与运动负荷。引导学生学练"结构化"的运动技能，并创设复杂的运动情境，让学生多参加运动展示或体育比赛，促进学生真正掌握和运用一项运动技能[183]。

二、健康体育论的理论分歧与实践困境

（一）健康体育论的理论分歧

1. "健康第一"学校体育指导思想的政策依据

有学者认为，"健康第一"指导思想始于新中国初期党和国家领导人对于青少年体质健康问题的批示。1950年，毛泽东主席致信教育部长马叙伦，针对学生营养不足、学习过重、健康不良等突出问题，强调"要各校注意健康

第一、学习第二。营养不良，宜酌增经费。学习和开会的时间宜大减。病人应有特殊待遇，全国一切学校都应如此。"1951年1月15日，毛主席再次致信马叙伦："此问题深值注意。提议采取行政步骤，具体地解决此问题。""提出健康第一，学习第二的方针我以为是正确的。"1951年8月，政务院公布了《关于改善各级学校学生健康状况的决定》，其中指出："增进学生健康，乃是保证学生完成学习任务，并培养出有强健体魄的现代青年的重大任务之一"，要求"立即纠正忽视学生健康的思想和对学生健康不负责任的态度，切实改善各级学校的学生健康状况"。

改革开放以后，我国多次开展全国青少年体质健康调查，监测结果显示我国青少年体育锻炼明显不足，体质健康水平不断下滑，特别是学生肥胖率在迅速增加，近视发生率居高不下，引发了社会的广泛关注，也引起了党中央、国务院的高度重视。2007年中共中央、国务院下发《关于加强青少年体育增强青少年体质的意见》指出："认真落实健康第一的指导思想，把增强学生体质作为学校教育的基本目标之一，建立健全学校体育工作机制，充分保证学校体育课和学生体育活动，广泛开展群众性青少年体育活动和竞赛，加强体育卫生设施和师资队伍建设，全面完善学校、社区、家庭相结合的青少年体育网络。"从2007年开始，全国亿万学生阳光体育运动在全国各级各类学校广泛开展，相关政策文件日益增多，多部门协同保障学生健康。

由此，诸多学者认为，"健康第一"的思想才是学校体育的主导思想。因为"健康第一"思想是针对整个学校教育而言的，是为避免青少年学业过重、强调健康的基础性地位而提的。学校体育作为学校教育的重要组成部分，在促进学生身心健康方面有着其他学科不能替代的作用，才被各方寄予厚望[184]。而且，一般来说，确定学校体育改革和发展的主导思想应该具备五个基本要素：一是导向性（基于学校体育的基本特征，合理引导学校体育的发展方向）；二是先进性（反映当代学校体育的理论与实践成果）；三是长期性；四是稳定性；五是全面性（统领学校体育的多方面工作）。"健康第一"的思想直面青少年体质健康的现实问题，体现体育学科的功能和价值，兼顾学校体育工作的阶段效益与长远效益[185]。所以，在新时期，必须坚持"健康第一"指导思想，以"健康第一"思想统领学校体育的不同思想流派，以"健康第一"思想指导学校体育的全面工作，以落实"健康第一"思想开展体育课程的设计与实施工作。

2. 对"健康第一"学校体育指导思想的合理性质疑

"健康第一"学校体育指导思想广泛传播的同时,其存在的合理性也存有针锋相对的观点。

第一,熊文等学者通过对学校体育"健康第一"相关政策、文件及讲话语录进行溯源分析后认为,新中国初期毛泽东提出的"健康第一"思想更大程度上是与"学生减负"联系在一起的,"学生学习和工作的负担太重,应兼顾娱乐、休息、睡眠,包括'多玩一点,要蹦蹦跳跳'。此外,还要加强营养、搞好卫生等",其论述健康问题的语境,并未直接提及与体育的关系[186]92。

进入21世纪以来,《中共中央国务院关于深化教育改革全面推进素质教育的决定》等政策文件对于"健康第一"的提法并非只针对学校体育,而是针对整个学校教育和基础教育的总体要求,如"培养学生的良好卫生习惯,了解科学营养知识""加强传染病预防工作和学校饮食卫生管理,防止传染病流行和食物中毒事件发生"等,需要从学校层面和政府卫生防疫等多部门联手解决。因此,学校体育以"健康第一"为指导思想,并非源自政策文件或领导讲话的明确规定,而是由学校教育工作的整体指导思想或相关指示"平移"而来。但直接由学校教育"健康第一"平移为学校体育"健康第一",不仅有悖基本的逻辑关系,损害"学校体育'健康第一'"的学理性,更会放大学校体育在贯彻"健康第一"指导思想过程中的真实作用,挤占"学校教育"在学校健康工作体系中的主体地位,削弱学校教育其他环节和部门在促进青少年健康工作中的作用和价值[187]。因此,质疑者坚定地认为,正是自上而下地平移"健康第一"指导思想,使得学校体育在健康工作体系中"一家独大",在某种意义上正是落实"健康第一"思想过程中遭遇诸多理论和实践问题的症结所在。

第二,随着对健康内涵及其影响因素认识的不断深入,在国际上,学者普遍认为健康的社会决定因素(Social Determinants of Health)很大部分起因于人们出生、成长、生活、工作的环境。2014年至今,Bircher提出了一种综合的健康模式——迈基希健康模式(Meikirch Health Model),认为健康是一种个体潜能、生命需要、社会和环境因素良性互动的状态,健康的维护需要医疗制度、健康教育、社会扶持等制度安排。世界卫生组织经研究指出，影响人的健康和寿命的因素主要有四个方面：生物学因素（与遗传有关）占15%，环境因素（含社会条件）占17%，保健设施（如医疗条件）占8%，生活方式占60%。青少年儿童体质下降是多重社会因素共同作用的结果，而当前青少年儿童的行为和生活方式是其体质下降的主要因素。在这些影响人健康的因素中，体育锻炼（严格意义是身体活动或体力活动）并没有成为单独的健康影响因素，而是与生命需要、生活方式、环境等相互影响，共同发挥着特定的健康促进作用。其中，影响中小学生健康的主要因素依次为课业负担过重、升学压力大、睡眠不足、膳食不合理、缺乏体育锻炼、网络成瘾等；影响大学生健康的主要因素为过度熬夜、睡眠不足、抽烟喝酒嗜好、就业与考研压力、不按时吃早餐、没有养成体育锻炼习惯等。

第三，确立或引入学校体育指导思想的依据涉及体育人文价值、生物学健康意义、学校教育总目标、社会经济发展背景等方面。其中，对体育人文价值的考量最具根本意义。在不同历史时期中外哲学家、政治家、教育家的诸多论述中，极为关注体育的人文价值。例如，体育不只是身体锻炼，更是身体锻炼和心灵锻炼的结合（柏拉图）；健康的精神高于健康的身体（夸美纽斯）等，学校体育显然不应忽视对体育人文价值的关照，最合适的方式是在学校体育的生物学价值及人文价值之间保持合理的张力。

从各国提出的学校体育目标来看，鲜见把健康促进作为首要任务。在美国、英国、德国、日本等国，健康只是学校体育多维目标之一，其地位并不比其他教育目标更突出。例如，美国《K-12国家体育教育标准》（2013年版）中共提出了五项标准，与"健康"相关的直接表述为第三项标准："达到并保持一个增进健康的体育活动和体适能的能力。"其他四项标准则主要明确掌握或发展体育运动相关知识、能力及体育精神、社会性等方面的要求。由此提出，从厘清健康促进与身体活动的关系出发，有必要将体育与运动、身体活动、体力活动等相近概念作适当的区分，必须明确一般意义上的"生命在于运动"，"运动"的内涵不仅包括体育（项目），还涵盖其他一切体力性活动（Physical Activity）。无论是竞技运动，还是学校体育，都不只是单纯意义上的体力活动，而是寓意丰富的"文化价值体"。

（二）健康体育论的实践困境

首先，缺乏坚实理论指导的"健康第一"指导思想下学校体育课程模式的构建明显缺乏说服力。显而易见，"健康第一"指导思想下学校体育课程模式的构建既要考虑基于身体健康需求调节生理负荷的量和强度，也要发掘运动项目的教学、练习、竞赛等形式和过程中的"育人要素"，培养学生的价值精神、道德品质及社会适应能力，将体质、心理和社会适应多维度健康要求结合或统一起来，实现学校体育"育体"与"育人"的同构。这种结合和统一，需要兼顾身体机能变化的规律、运动技术形成的规律、运动竞赛的特征和规律，渗透着引导、榜样、鼓励多种育人方法和手段，形成张弛得当、动静结合，负荷量和强度合理搭配的最佳模式。然而，现阶段的体育健康课程模式大多仅注重强调特定的"健康"或"健身"水平的生理负荷量和强度，体育运动沦为单纯的医学健康手段，单纯强调持续特定（中高）运动负荷，而一些学者所言青少年道德品质在特定运动量和强度之下自动形成的假设尚未被充分证实，过度强调运动负荷反倒可能挤压德育渗透的其他形式、机会，抑制其在学校教育环境下人文精神与价值的体现，不利于某些价值、品德的形成，不可能全面实现"三维"健康目标。因此，如何在运动负荷与学校体育多维目标之间保持合理的张力，使学校体育的健康功能与其他价值功能相得益彰，从而促进学生全面和谐发展，才是学校体育推行"健康第一"不可或缺的要义[186]96。因为上述原因，现阶段的体育健康课程模式并未取得广泛的认可并进行大规模推广，学校体育课程教学模式在更大范围内仍然延续传统体育教学形态，是体育教师个体或集体自发开展的各式各样的课程教学改革探索。

"健康第一"思想指导下的学校体育工作的实践成效有待提高。教育部等相关部门于1985—2019年先后组织开展了八次全国学生体质与健康调研，以此准确掌握我国儿童青少年体质健康状况和发展变化趋势，为研究制定加强和改进学校体育、卫生与健康教育工作的政策文件提供了重要依据。调研结果显示，我国青少年体质的一些重要指标呈持续下降趋势，包括肥胖检出率持续上升，心肺功能下降，运动能力下降，视力不良检出率居高不下且呈现低龄化倾向等，因此必须尽快扭转青少年健康滑坡、体质下降的状况。

在心理健康方面，近年来一些重要研究机构的调查结论触目惊心。2006年，中国儿童中心发布的《中国儿童的生存与发展：数据与分析》显示：我国17岁以下的青少年儿童中，至少有3000万人受到各种情绪障碍和行为问题的困扰；5.2%的儿童存在明显的躯体化、强迫症状、人际关系敏感、抑郁等心理健康问题。2013年，天津社会科学院《青少年心理障碍实证与教育对策研究》课题组对天津市2000名中学生的心理健康状况开展调查，结果显示存在心理问题的学生占比达到35.31%，心理问题程度较严重的学生占6.72%。2014年，中国疾病预防控制中心对10~14岁年龄段的9015名中小学生进行调查，发现存在17.4%的孩子"认真想过自杀"，8.2%的孩子甚至"做过自杀计划"。中国科学院心理研究所国民心理健康评估发展中心负责人陈祉妍教授通过大量数据验证了焦虑与抑郁等情绪障碍是我国青少年最为常见的心理问题，其中焦虑症状检出率为26%~30%，抑郁症状检出率为15.4%，且抑郁症呈现低龄化趋势，最早在儿童期即可发病，随着青春期发育，青少年抑郁问题也显著增加。与此同时，青少年行为问题高发，为自己和他人带来风险。中学生自杀想法（自杀意念）的发生率平均为17.7%，其他值得关注的常见行为问题还包括攻击行为、违纪行为、物质滥用、网络成瘾等。更需要关注的是，心理学家曾对20年来的研究数据分析发现，我国儿童青少年心理健康问题呈增长趋势，儿童青少年精神科门诊就诊率逐步攀升。2017年中国、美国、日本、韩国的青少年儿童心理健康状况比较研究结果显示，我国儿童青少年抑郁水平也高于其他国家。从上述已经报道的调查数据来看，我国青少年心理健康状况堪忧，表明"健康第一"指导思想下学校体育实践任重而道远。

三、中层理论视域下健康体育论的梳理与补阙

由上述分析可知，一方面，部分学者认为"健康第一"学校体育指导思想的提出具有客观的现实背景、强烈的政策导向，并积极开展课程模式的实践探索；另一方面，却是针锋相对地质疑其思想观点的合理性及其实践模式的有效性，双方各执一端，坚持己见。在此情形下，为减少有关"健康第一"学校体育指导思想的无谓争论，甄别、采纳该思想中的合理观点，也为规范

"健康第一"思想的实践模式,科学设计体育课程内容、方法与评价体系,必须发挥中层理论澄清思想、规范方法、指导实践的多层功能,因此,架构"健康第一"指导思想下完整的理论体系,特别是加强中层理论建设迫在眉睫。

(一) 青少年身心健康与体育锻炼效应的联结机制

"健康第一"的指导思想,明确指出学校体育工作必须以促进学生身心健康为主要目的。"健康"是一个抽象的、有着丰富内涵的概念,因此必须明确哪些是决定青少年健康水平的重要指标,影响这些重要指标的主要因素是什么,体育在哪些指标上能够发挥关键作用等问题。否则,虽然"健康第一"天天挂在嘴边,但"健康第一"思想指导下的学校体育工作目标与促进机制却依然不能清晰。

传统观念认为,健康的主要表现是"无疾病",指身体形态发育良好,各脏器、各系统具有良好的生理功能,身体活动能力和劳动能力较好,能够适应环境变化,对疾病的抵抗能力较强。现代健康观更加整体、多维,世界卫生组织提出"健康不仅是躯体没有疾病,还要具备心理健康,以及良好的社会适应能力"。一个人健康的标志通常包括:生机勃勃,富有进取心;性格开朗,充满活力;正常身高与体重;保持正常的体温、脉搏和呼吸;食欲旺盛;明亮的眼睛和粉红的眼膜;不易得病,对流行病有足够的耐受力;正常的大小便;淡红色舌头,无厚的舌苔;健康的牙龈和口腔黏膜;光滑的皮肤柔韧而富有弹性,肤色健康;光滑带光泽的头发;指甲坚固而带微红色[188]。

虽然各方公认,遗传、医疗卫生、生活习惯、体育运动是影响健康水平的主要因素,但现行对于体育运动效益的评价指标主要是运动素质各要素,如速度、力量、耐力、柔韧、协调、灵敏等方面的改变,所有体育锻炼方案的设计围绕提高运动素质来展开。由此可见,青少年身心健康的标准与体育锻炼效应的评价是两套不同的指标体系,如果找不到二者之间的联系,体育锻炼对于身心健康到底能够产生什么样的效应则无法得到合理解释。

近年来,国外对于健康体适能的概念、构成要素、促进方案与评价指标开展了广泛研究,应该说是在健康标准与锻炼效应之间寻求一种联系。美国运动医学会(American College of Sports Medicine,ACSM)认为体适能(Physical Fitness）是指人体所具备的有充沛的精力从事日常工作（学习）而不感疲劳，同时有余力享受康乐休闲活动的乐趣，能够适应突发状况的能力。体适能由健康体适能（Health‐related Physical Fitness）和技能体适能（Skill‐related Physical Fitness）组成。健康体适能是与健康有密切关系的体适能，是指心血管、肺和肌肉发挥最理想效率的能力。健康体适能主要成分包括身体成分、肌肉和肌肉耐力、心肺耐力、柔韧素质和瞬发力，通常采用BMI指数、坐姿体前屈、一分钟仰卧起坐、立定跳远、三分钟台阶实验等测试方法进行评价。对此，国内部分文献对于健康体适能的研究进展有相关介绍，在《国家学生体质健康测试标准》中选用了相关指标，但是目前尚无明确的、适合我国学校体育环境的健康体适能课程方案，其中一个重要的原因就是对于以运动促进健康体适能的相关理论的研究、整理、推广不够，健康体适能的课程设计缺乏有力的理论支撑[189]。

与此同时，虽然学者普遍认为青少年心理健康和社会适应能力的发展与特定运动项目或运动情境有关，但体育锻炼的效益指标如何与心理健康、社会适应能力的评价指标之间建立起清晰的对应关系，还有待深入研究。尽管目前有关运动促进良好心理效应的生理与心理机制的研究假说十分丰富，如生理机制方面的假说包括氨基酸类神经递质变化论、单胺类神经递质变化论、脑内神经肽变化论等；心理机制方面的假说分为短期心理健康效应的机制与长期心理健康效应的机制，短期心理健康效应机制包括心境状态改善假说、良好情绪体验假说、注意力分散假说等，长期心理健康效应机制包括认知行为假说、社会交互作用假说、心理控制感假说、自尊假说、心理社会应激反应假说、运动愉快感假说等[76]88-92，但是诸多假说还未得到实践的充分检验，没能形成统一的、整合的理论框架。至于对于运动情境创设、运动负荷控制的要求基本未涉及，更遑论与健康体适能发展的相关要求统筹考虑。此外，体育对心理、社会适应能力的介入价值或促进作用还较为有限，并未得到充分认可，如教育部发布的《中小学心理健康教育指导纲要（2012年修订）》就并未提及体育对心理健康介入的价值，由此可见一斑。心理健康和社会适应的发展水平具有内隐性、过程性和潜移默化性，对于体育教学等过程如何界定、评价相应目标，还缺乏操作性。由此可见，从可以预见的较长一段时期内，这一理论空白很难取得实质性突破。

（二）体育锻炼促进当下与长远健康效应的协同机制

以体育锻炼促进青少年的身心健康，要意识到儿童青少年正处于各项身体形态、机能、素质发展、塑造的敏感期，抓住这一关键时期，施以有效、适度的生理刺激与心理体验，能够"事半功倍"地取得最大的健康促进效应。因此，学校体育阶段一定要给予学生足够的运动负荷与运动体验，为学生终身的体育健康打下良好的基础。与此同时，还要认识到，运动负荷与运动体验的获取决不能只依赖于体育课内教学，还要依托课外、校外学生积极主动参与体育锻炼，才有可能达到增进或保持学生身心健康的基本要求。由此可见，必须在通过体育课堂教学达到学生身心健康的短期效应与通过学生长期积极主动参与体育锻炼达到促进身心健康的长期效应之间建立联动机制。如果将体育课定位为体能训练课、身体素质课，因受制于课堂教学的形态、时间与资源等因素，所获得的锻炼效应必定是有限的，也是暂时的，因体育中考的存在，初中、高中学生六年间体质健康水平呈现倒"V"字形，在初三毕业前达到峰值，而后快速消退的不正常现象即是有力的证明[190]。因此，同各学科课程教学一样，体育课内教学应着眼于学生对体育知识、技能的理解、掌握与运用，在这一过程中体验运动参与的乐趣，培养学生主动参与体育锻炼的习惯与能力，运动锻炼效应的累积及丰富的运动体验主要通过课外体育、校外体育、生涯体育完成，则体育锻炼促进学生身心健康的效应必将更深、更长、更久。

综上所述，应该从课内外一体化视角来思考，建立体育锻炼促进学生"当下"与"长远"健康的协同机制，以大体育课程的观念，准确定位课内教学与课余体育的目标与任务，分析不同阶段学生体育学习的需求，系统设计课内外活动的内容与方法，做到"鱼""渔"兼得，从而全面落实"健康第一"思想下学校体育的各项要求。这些问题成为近年来学校体育研究的热点，但尚未有实质突破，也未形成完整的理论体系，更未在课改实践中得到充分验证。

（三）从大健康体系的视角构建健康促进的协同机制

尽管中国健康体育课程模式的构建者明确表示学生的体质健康和心理健

康问题受到多种因素的影响，提高学生的体质健康和心理健康水平需要多方面共同发力去解决，但并未从大健康体系的视角去构建体育课程模式，而是更为强调体育与健康教育教学对于改善学生的体质健康和心理健康水平具有不可替代的独特作用。

如前所述，当前学校体育"健康第一"指导思想下所构建的理论或实践模式，皆因学校体育直接"平移"学校教育"健康第一"指导思想，以致学校教育领域下未有其他领域、部门或科目（课程）与体育课程协同配合，体育或学校体育的健康促进价值被放大，从意识、政策及行动各层面，都显示学校体育有试图以"独木"支撑青少年学生"健康"重任的趋势，将学校体育追求目标的三个维度直指健康的三维（身体健康、心理健康和社会适应），导致学者纷纷从不同角度探讨体育之于健康的重要价值，各级领导反复强调学校体育之于健康的重要作用，"健康第一"指导思想下出现了"学校体育健康化"取向。但事物发展的规律终究不能以主观意愿为转移，尽管占据促进青少年健康工作的制高点，在短时期内有益于提升学校体育的地位，但将学校体育与健康强行"捆绑"的关系也成为学校体育难以承受之重。

当前对健康促进的考虑多局限于单一的医学模式，以健康体适能构成要素、运动量、强度等为主要指标，关注特定强度及持续时间的运动负荷导致生理健康指标（或可量化的心理指标）的改善，脱离学校体育所处的社会、教育、人文背景，没有充分考虑大健康观下影响学生健康的各种可能因素，甚至像学业负担这样重要的影响因素常被忽视。即使将"健康"仅限于健康体适能，为提高学生的健康体适能水平，提出学生每天应参与一定量"中等至剧烈强度"的体育活动（更准确的表述是"体力活动"），也应该将应达到的"运动参与量"在规定参与（有管理和组织的参与）与自主参与（学生自发参与），校内参与与校外参与，体育课教学、运动训练与日常锻炼的不同参与方式之间进行统筹，不宜单独将其作为学校体育管理甚至课堂教学的相关要求。另外，心理健康和社会适应能力的培养是其他学科课程和实践活动（如心理教育和矫正、思想政治教育、社会实践等）的共同目标。2020年伊始，国家卫生健康委、中宣部、中央文明办、中央网信办、教育部、民政部等12部门印发了《健康中国行动——儿童青少年心理健康行动方案（2019—2022年）》，这充分说明，单从一个系统干预儿童青少年心理问题效果往往并不理想,协作联动显得尤为重要,学校、家庭、社区、医疗卫生机构、媒体都是有效干预的重要组成部分。在构建儿童青少年心理健康工作机制的过程中,需要更高层级的各部门间联席制度,从零散的单部门作战,要向多部门协作转变。

四、结语

在大健康观的视角下,学校体育又将如何与这些因素协同,共同实现"健康第一"目标,还需要在相关理论研究上取得突破,为构建科学的协同工作方案奠定坚实基础。从理论层面来看,为贯彻落实"健康第一"指导思想,真正促进青少年"三维健康"发展,既要解决基于健康体适能的各项指标及发展机制问题,为科学确定体育课及各项体育活动的内容和负荷提供理论依据,也应探讨通过运动项目的教学、练习、竞赛等形式和过程,培养学生的价值精神、道德品质及社会适应能力的相关机制,实现学校体育"育体"与"育心"的同构。"身心一体"的学校体育健康促进模式,既要考虑"健康"或"健身"必要的运动量和强度,也要避免因单纯追求运动负荷而忽略学生品德与人格的发展,如何在运动负荷与学校体育多维目标之间保持合适的张力,从而促进学生身心健康及全面、和谐发展,是学校体育推行"健康第一"不可或缺的要义。

第十一章
中层理论视域下学校体育理论体系的构建

将中层理论概念引入学校体育研究领域，不仅为加强人们对于学校体育中层理论研究价值的认识并提供方法论依据，为取得更为丰富的学校体育中层理论研究成果奠定必要基础，更是通过比较分析各流派学校体育理论的内在逻辑及现实意义，博采众长，构建对当前学校体育事业发展具有参考、借鉴价值的理论体系。

一、中层理论视域下学校体育理论的建设路径

（一）具有强烈的问题意识

理论来源于实践，接受实践的检验，同时对实践进行指导，可以说，理论与实践之间具有天然的"亲密关系"。但不同理论与实践之间的密切程度不同，有的理论涵盖范围广，抽象程度高，对于实践的指导是宏观层面的、原则性的；有的理论则是微观的，适用面窄，对于实践的指导是具体的。我国学术界长期存在一种倾向，注重宏观层面的理论思辨，忽视实践层面的有效指导。例如，我国学校体育指导思想普遍存在贯彻、落实不力的问题，在很大程度上正是因为长期停留在理念层面的"争吵"，缺乏向课程实施纵向推进的意识与决心，如体质与技能之争、知识与能力之争等，在不同时期都会以不同的冲突形式引起人们的反复争论，却始终不能深入探讨、系统构建学生体质或技能发展的基本规律与实现机制。

中层理论是对现实问题的回应，努力打通宏观层面的思想、理念、基本

原则向具体实践转化过程中的理论"堵点"。例如，运动文化论作为一种以追求运动文化的继承和创造为目的的全新学校体育构想，为构建出一整套与之适应的课程内容与教学方法体系，不断改进创新，步步推进，终于完成了运动文化流派下课程设计与实施必要的理论准备。因此，中层理论研究要具有强烈的问题意识，找准现实需要与理论指导之间的"落差"，明确中层理论研究的"着力点"，加强理论研究的系统性，提升其现实指导力。

（二）专题研究的思维方法

毋庸置疑，从来都不存在无理论取向的纯经验研究，没有依托相应概念提出研究假设并进行验证的思维活动，不能称为科学研究，至多也只是日常的经验总结。同样，不可能出现完全脱离经验基础的理论研究，因为理论来源于实践，是在实践经验积累的基础上，研究者以一定的方法进行提炼、概括，实现理性腾跃，产生相应的概念、变量，再通过概念或变量之间的联结构成理论陈述，阐明事件之间相互联系的方式或因果关系。

中层理论的内容建构，即基于经验基础进行的理论研究，通常采用的研究方法主要是归纳式理论建构或演绎式理论建构。其中，归纳式理论建构是从个体材料出发，进行经验总结，从中提取一般性的特征和规律，形成相应的概念与判断；演绎式的理论建构则是从上位或相关理论推理，提出研究假设，再收集相关经验材料，进行验证或修订。但是一次性的归纳式或演绎式理论建构，只能提炼个别的概念和概括局部的微观联系，无法上升到具有整体解释力的中层理论。因此，针对某一类型问题，通过学术同人间的协同努力，在掌握大量经验材料的基础上，提炼、修订可以准确反映事物特征、规律的一些概念、命题，即专题研究的方式，作为构建中层理论的重要途径与方法。

专题研究是针对某一现实问题、热点问题、难点问题或代表性问题开展的系列研究，该研究始终以问题为导向，在探索问题本质规律的基础上，形成问题的解决方案，推动该领域的理论与实践发展。专题研究广泛适用于政治、经济、社会、文化、教育、体育等领域。采用专题研究式的理论建构，既有利于理论建构的系统性，又能避免经验研究的碎片化。专题研究式理论建构包括演绎式理论建构和归纳式理论建构。

1. 专题研究的演绎式理论建构

首先，借助上位或相关学科理论，提出解决相关问题的基本概念与分析框架，形成研究假设；其次，对若干子概念进行操作化设计，获得可被测量的指标（内容）；再次，通过问卷调查、实地考察、专家访谈、教育实验、个案研究等方法，获得测量指标数据，检验研究假设的正确性；最后，根据研究结果对相关概念和变量关系做出适当修正，进行理论解释和理论建构，形成针对某一特定类型问题的中层理论。例如，体育作为现代人一种特殊的社会文化活动，如何界定在体育活动中人的角色、地位与行为规则，是保证人类体育活动有序运行的前提和保证。因此，体育社会学研究中，通过借用社会学理论中的"社会角色"概念，提出"体育角色（论）"这一中层理论基本概念，其下位概念包括体育角色的类型，获得体育角色的途径，体育角色扮演的社会意义，体育角色的权利、义务与规范，体育角色的冲突与调适等，对这些下位概念之间的关系判断形成研究假设并进行操作化设计，通过实证研究获得材料形成有关体育角色的中层理论。

2. 专题研究的归纳式理论建构

专题研究的归纳式理论建构不同于演绎式理论建构，在研究开始时并没有很明确的研究框架与研究假设，只是因为实践需要或研究偏好，一名或多名学者长期关注于某一领域的特定问题，产生了许许多多零散的经验研究材料，如经验总结、案例分析、调查报告等，当这些实证材料累积到一定程度时，就需要建立一个专题研究的框架，逐一汇总、甄选同类经验研究资料，同时借助一些抽象概括能力较强学者的思考，实现理性腾跃形成若干概念并建立起概念之间关系的判断和联系，最终完成中层理论的构建。假想学者对于人类社会体育活动运行的相关现象及规律充满兴趣，就会逐渐深入研究人类体育活动的类型；各类体育活动有效运行需要多种角色的共同参与；每种角色应该享受的权利及履行的义务；低效运行的现象的原因及其调适方法等。在对这些相关思考的调查、观察、访谈、总结的基础上会出现一些有关体育角色的定位、权利、义务、冲突、调适等有关体育角色的二级命题，在通过理论解释建立起有机联系，最终形成有关体育角色的中层理论。

（三）特定框架下的研究假设

需要指明的是，在中层理论建设的过程中，无论是采用归纳式的专题研究，还是采用演绎式的专题研究，都不可能脱离一定的理论框架。相反，应该运用其中的基本概念、基本原则，首先可以保证针对同一领域的研究者之间存在一套可以交流、沟通的专业话语体系，使研究活动的开展与成果的共享更具效率；其次更有利于提出科学的研究假设。研究假设的提出需要研究者对现实问题的准确把握和严谨的逻辑推理，也需要基础理论提供分析的思路。更重要的是，基于一定的理论框架去建设中层理论，可以保证研究者在相对一致的研究方向上聚集力量，完善理论薄弱点，尽快形成完备的理论体系与实践方案。

改革开放四十余年来，我国经济社会发生了巨大的变化，影响着人们生产生活的方方面面，体育领域也概莫能外。有研究者发现，随着贫富差距的拉大，我国社会分层趋势日益明显，不同阶层享有的物质资源、拥有的话语权存在较大差别。但体育作为人们的基本生存权利，如何保障所有人公平享有公共体育资源，自然就成了体育社会学研究的重点问题。部分学者基于体育社会学理论体系中的社会角色、社会阶层、社会冲突等概念及相互关系，提出一系列思考。例如，体育是否会成为精英阶层的特权？底层群体在争取体育权益的活动中是否存在集体失语？体育参与与社会个体的经济资本、文化资本、社会资本之间存在何种关系？制约底层群体的体育参与和体育消费的因素有哪些？应如何保障各社会阶层体育参与的权利等，在这样一个总体框架下，开始收集大量经验事实，再经深入的理论分析，终于构建而成"中国社会各阶层的体育参与和权益保障"的中层理论，丰富了体育社会学的理论体系，提高了对当前我国社会体育参与的现实解释力[191]。

以"举国体制"为例，截至2018年2月24日，在中国知网以"举国体制"为篇名进行检索，共有306篇文章，下载量和引用量较大的文章包括卢元镇的《从北京到伦敦：举国体制如何向前走》、秦椿林等的《再论举国体制》等，说明在众多研究者的共同努力下，已经积累了丰富的建构"举国体制"这一中层理论的必要素材。此时，就必须借助社会学的理论与概念提出研究假设，从结构功能理论、社会运行理论、冲突理论与社会批判理论、社会现代化理论来梳理、提炼经验材料,才有望形成举国体制的结构功能,举国体制运行的条件和机制,举国体制的历史功绩、矛盾与问题,举国体制改革的路径等相关命题,最终产生新的体育社会学中层理论。照此思路,"全民健身"(同期检索到4044篇文章)、"体育消费"(同期检索到2193篇文章),以及"体育强国"(同期检索到587文章)等热点、重点问题,都积累了大量的素材,只要借助合适的理论框架,同样可以开展体育社会学中层理论建构的尝试。

(四)联合攻关的学术共同体

中层理论建设要回应学科发展的新动向,解答当下的热点、难点问题,要以明确的研究方向聚集起有限的研究力量,避免长期处于分散、零碎的研究状态。例如,我国学校体育在近百年的发展历程中,积累了极为丰富的体育教学内容,但不同时期对于教学内容的选择存有较大分歧,体质教育时期提倡身体练习的有效手段,竞技教育时期提倡规范的运动项目,终身体育时期提倡生活化的体育内容等,甚至是在某一时期,越是受到重视的教学内容,在另一个时期,越是受到排挤。在当前学校体育科学发展的大背景下,如何适应时代发展要求,充分利用人类体育文化的宝贵资源,为体育教学内容的选择与编排提供科学的理论指导,成为学校体育研究的热点问题。1993年,《中国学校体育》以"为什么要教背向滑步推铅球"的具体教学案例为切入点,卢元镇、毛振明两位学者带动广大学校体育研究者和一线教师就体育课程资源储备、体育教学内容标准、体育教学内容分类、体育教学内容改造等问题进行了充分讨论,在讨论过程中出现了"竞技运动教材化"的一系列新观点,如体育内容可分为"素材"和"教材"两个层面;体育教材化的工作可分为"大规模研究"(课程层面)和"小规模研究"(教学层面);体育教材化的方向和方法有:动作教育化、游戏化、理性化、文化化、生活化、实用化、简化、变形化和运动处方化。竞技运动教材化的方向与方法理论为体育教材开发的科学化提供了理论依据。

再如,诞生于日本学校体育的运动文化论旨在以"国民运动文化的创造"为指导思想,"让所有青少年及国民成为运动活动的主人公"(培养运动文化的主体)为最终目标,丹下保夫、出原泰明等著名学者带领广大一线体育教师，基于体育哲学原理、体育社会学、体育伦理学等多学科领域知识，形成了对体育本质论的独特认识。总结提升大量的、第一手的实践素材，创建了体育课程与教材论、中间项理论、运动技术传授体系、集团学习等多方面理论，丰富了"运动文化论"的中层理论，在体育教学实践层面，奉献出了如"蝶泳腿蛙泳""插秧跑""足球的心电图"等许多经典体育教学范例。

可见，联合攻关的学术共同体，有益于推进中层理论建设。学术共同体的建设，既可以是学会组织有意图的集体行为，也可以是研究者倡导发起的自发行为。需要强调的是，联合攻关开展中层理论建设，既可以通过经验研究、微观理论的积累，使学科理论体系由空心化走向实体化，同时是有计划、有目标地培养和扶持研究骨干，构建研究集体的重要途径。

二、中层理论视域下学校体育理论体系的整合构建

（一）学校体育流派的历史更迭

在学校体育的发展历程中，基于不同时期的社会、经济与教育背景，以及不同群体的教育理想，在不同国家、地区先后涌现出多种多样的学校体育思想与流派，这些思想流派拓展了人们对于学校体育功能、价值、路径与方法的认识，引领着学校体育改革实践活动。随着世界教育与文化的大交融，各流派学校体育思想、理论与方法得以在更大范围内传播和推广，在为其他国家提供学校体育发展路径与方案的同时，其自身也在扬弃中逐渐完善与成熟。正如前文分析，1949年以来的70余年间，在我国学校体育领域先后涌现出体质教育论、技能教学论、快乐体育论、运动文化论、终身体育论、健康体育论等十余种具有代表性和影响力的学校体育流派，这些流派有本土成长的，也有外域引入的，每种学校体育流派都是面对特定的历史时期与社会背景下的现实问题与需求而设计或引入的，有其特定的目标、内容、路径与方法。随着时代的发展与育人目标的变化，居于主流的学校体育流派不断更迭，推动着一轮又一轮波澜壮阔的学校体育改革，在不断丰富学校体育理论与实践成果的同时，也不可避免地对旧的流派产生强烈的冲击，甚至是全面的否定。例如，基于世界卫生组织的"三维健康观"提出的健康体育论否定了体质教育论的观点与方法，认为体质教育论带有"一维健康观"的片面性，忽

视了身心发展的整体要求。运动教育将体育作为教育的重要载体，从促进身心的发展进一步拓展到机体教育、神经肌肉活动教育、品德教育和智力教育等各个方面，通过体育促成学生机体、品德、智力等全面发展。此外，快乐体育论的提出又是对"身体的教育"或"通过运动的教育"等一切"运动手段论"的思想进行了反思与批判，重新认识"后工业社会"时期运动的价值与意义，强调应关注学生参与运动的个体需求，依据人的本能欲求自由参与运动，"触及运动特性的喜悦"，使学生认识、理解、热爱运动，为其终身参加体育锻炼打下坚实基础等。

与此同时，旧的学校体育流派总是很固执地坚持着自己的思想观点与实践方案，在强势的新流派的冲击下强力反弹，掀起理论争辩的一波高潮。体质与技能之争、体质与健康之争、知识与能力之争等，都可以看作新旧学校体育流派冲突的具体表现。学校体育实践领域的变化不会像思想理论研究的变革来得那么迅捷，因为学校体育实践的变革需要理论的充分准备，既有上位的理念，也有中间层面的实现机制，以及具体的课程内容与方法体系。除此之外，还需要广大学校体育工作的管理者与一线体育教师改善课程理念、课程设计、课程实施方案，在思想上转变，在态度上拥护，在能力上具备，为学生提供多重的软硬件条件。往往理论研究领域风起云涌，而课堂与教学的实践形态却静如止水，依然是沿着既有的轨迹向前发展。此时，若借助行政力量强行植入新的思想理念或课程方案，又让一线体育教师一时无所适从，学校体育工作常常出现混乱与迷茫，教育教学质量的提升更是无从提起。

针对教育教学改革进程中屡见不鲜的课程理念与教学实践两张皮的现象，教育学家孙喜亭曾指出，任何时期的教育教学改革都不应割断历史，因为每次改革只是针对传统课程与教学模式中不足部分的完善与补充，并不代表传统教学一无是处，必须全盘否定、推倒重来。学校教育教学活动具有稳定性，改革只能是渐进性的，从局部开始，在继承中发展。要考虑教育改革实践受主观认识、客观环境等多种因素的制约而带有很强的惯性，这是不以改革者的主观意愿为转移的。学校体育课程改革同样如此，要清醒地认识到每种学校体育流派都有其适用范围，有特定的目标与问题指向，都有其理论与实践价值。当然，单一的学校体育流派都有其自身局限性，带有无法调和的矛盾，呼唤新的教育理论与方法的出现，这是教育教学发展的必然规律，在矛盾中发展，在继承中完善。但这正说明，学校体育事业发展是一代又一代体育人的共同努力，学校体育的理论与实践都是渐进发展的，先前的流派中一定有其值得保留的宝贵经验，后续流派的提出主要是解决前一阶段依然存在的突出问题。绝不存在树立一派，打倒一派，对课程历史全面否定的做法只能让诸多原本得到解决的历史问题又重新浮现，"按住了葫芦浮起了瓢"，学校体育改革过程中的"钟摆现象"就是对这种极端做法的最好回应。

（二）学校体育目标的多维融合

基于上述分析，我们应该认识到，学校体育的目标不断丰富，指导学校体育实践的理论与方法逐渐走向完善和集约化。例如，第八次体育与健康课程改革提出努力构建体育与健康的知识与技能、过程与方法、情感态度价值观有机统一的课程目标体系，课程目标的结构与内容涵盖掌握运动技能、发展体能；激发学生的运动兴趣，培养体育锻炼的意识和习惯；学会体育与健康学习；逐步形成健康和安全的意识以及良好的生活方式，促进学生身心协调、全面地发展。显而易见，自进入21世纪以来，我国学校体育目标已从体质、技能、兴趣、教育的单一维度走向了在享受乐趣中培养习惯，在知识学习中发展能力，在体能练习中强健体魄，在体育锻炼中锤炼意志，在运动比赛中完善人格。由于学校体育目标是多向度的，自然任何单一的学校体育理论不能给予当前学校体育实践以全面有效的指导，要找到不同学校体育流派之间的连接点，做到和谐共生。

实现不同流派学校体育理论之间的连接、融合与共生，前提是其工作的原理与机制要十分清晰，如体质教育论就必须揭示出学生体质健康水平发展的原理与机制，无论是现阶段学生体质健康水平，还是未来体质健康的发展或保持，仅依靠被动锻炼是不够的，还应叠加主动锻炼效应，因此教师引导抓住当下体质健康发展敏感期给予积极刺激的同时，也要满足学生参与锻炼的内在需要，强化学生的主动锻炼动机，培养体育健身的习惯和能力。这样就从体质教育论走向了快乐体育论，因为快乐体育论正是强调依据人的本能欲求自由参与运动，"触及运动特性的喜悦"，分析不同群体参与运动的需求，有针对性地选择、改造体育运动项目，并依据竞争性、模拟性、晕眩性、偶然性等标准对运动项目进行分类。当然，运动技能的学习与掌握必定离不开基础类、闭锁类与开放类技能学习原理与方法的支撑,因此运动技能论流派的理论与实践成果能够自然融入。

以前不同学校体育流派从思想理念到课程方案都是相对封闭的,具有排他性。学校体育流派之间相互独立、彼此割裂的局面在很大程度上是学校体育思想的实践机制,即学校体育中层理论匮乏所致。各流派原理机制模糊,看不到你中有无、我中有你的客观事实,在很大程度上影响了学校体育改革的科学性,削弱了学校体育改革成效。今天,面对多向度的学校体育目标,我们更要依托学校体育中层理论的研究成果,建立更加集约的学校体育理论与方法体系,提升学校体育改革的质量与效率。

学校体育的总体目标涵盖:①享受运动乐趣,激发学生的运动兴趣,培养体育习惯;②掌握体育知识技能,包括运动项目文化与技能,体育健身原理与方法;③发展体育学习能力,为自主锻炼与终身体育奠定基础;④发展体能,提高体质健康水平;⑤参与运动锻炼与竞赛,锤炼意志、完善人格。这样多向度的学校体育目标既包括体质健康,也包括心理健康与社会适应能力;既包括社会对人才培养的要求,也包括个体的内在需求;既包括知识的掌握,也包括能力的发展;既包括当下健康促进,也包括终身体育效应。

(三) 学校体育理论的整合构建

下面我们尝试从学校体育中层理论的角度,对上述目标实现的机制与路径加以分析,并试图构建中层理论视域下学校体育的整体理论架构。

1. 运动乐趣

运动乐趣是保证学生运动参与、培养体育锻炼意识,并最终形成终身体育习惯的前提条件。我国传统学校体育课程设计主要以凯洛夫教育教学理论为依据,讲求知识的系统性、教学过程的严谨性,以及教师的权威性,更多注重社会对于人才培养的要求,但忽视了学生体育学习的内在需求,无法体验运动的乐趣。因此,无论是课内还是课外,学生运动参与的积极性、主动性较低。但是运动乐趣作为获得主动锻炼效应的中介条件,以及终身体育习惯养成的重要标志,其重要价值逐渐被人们所认识。

对于运动乐趣研究最为深入的是快乐体育流派,其理论基础是凯洛亚斯的游戏论，首先，在"游戏所蕴藏的乐趣主要通过竞争、偶然、模拟和晕眩等特征体现出来"的认识基础上，对不同运动项目所具有的"快乐"机能特性进行分析，形成了"基于运动项目机能特性的"课程内容体系。其次，"自主、自由的"游戏要素对满足学生的运动欲求最为重要，甚至是决定性的，快乐体育教学过程从目标设定、人际关系、主动参与等方面构建了快乐体育教学方法体系。

除快乐体育流派，运动技能论中也提出是否具有持久稳定的运动信念是体育锻炼习惯养成的中介变量，而支撑青少年体育锻炼习惯养成的，主要是运动愉悦信念。青少年儿童在感受运动乐趣的方式具有年龄差异：少年儿童早期主要是通过身体活动满足自身的好奇心，体验由运动引起的兴奋和愉快感；初中生和高中生则关注于提高技能、进行自己擅长的运动带来积极性情感体验。因此，从建立学生运动愉悦信念并促进体育锻炼习惯养成的角度出发，在儿童时期，即小学阶段，体育课程应安排多样化的身体活动，充分满足学生好奇多动的需要；进入中学阶段后，则应专注于运动项目选择的灵活性与运动技能水平的提高。由此可见，享受运动乐趣的关键是学生具有自主性，包括自主选择乐意参与的项目、自主确定学习目标的难度、自主组建体育锻炼的团队、自主选择运动开展的形式。

2. 掌握体育知识技能

我国基础教育阶段历来就有掌握"三基"的目标，学校体育领域有掌握基本知识、基本技能、基本能力的提法，但是何为学校体育的"三基"似乎从来都没有真正明确，直接导致体育知识技能教学体系缺乏系统性和稳定性。在运动文化论视野下，以"国民运动文化的创造"为指导思想，"让所有青少年及国民成为运动活动的主人公"（培养运动文化的主体）为最终目标，首次系统分析了构成体育知识技能的"三根支柱"：①"运动文化的发展"论（运动文化发展史论、运动文化与社会、运动文化的社会条件等）；②竞争/胜败（Competition，运动文化的特质Ⅰ）；③技能、技术、战略、战术（运动文化的特质Ⅱ，含运动技术学为中心的自然科学方面的内容），并通过体育课程与教材理论处理好运动文化与运动项目之间的选择关系，通过中间项理论处理好正式运动文化（技术）与普通青少年身心条件之间的落差关系，通过运动技术传授体系处理好"要素主义"运动技术观与"完整的学习者"之间的偏移关系，努力构建适合青少年体育知识技能教学的内容与方法体系。

与此同时，运动技能论也对运动技能学习的内容与方法体系展开了研究。第一，全面揭示运动技能学习在不同学段应有的内容与形式的"窗口期"理论，为构建一个纵向衔接、横向一致、内在统一、形式联合的运动技能学习一体化课程设计作相应理论准备。第二，借助美国学校体育的"技术主题"理论，构建具有内在逻辑、层次清晰、逐层递进的基本运动技能教学内容与方法体系。第三，基于巴甫洛夫的条件反射理论和斯金纳的操作主义理论基础，构建主要涵盖外界感知、本体认知、建立联结、技术定型四个阶段的闭锁式运动技能学习理论。第四，构建主要涵盖本体感知、环境呈现、本体决策、本体应答行为四个阶段的开放式运动技能学习理论。

3. 发展体育学习能力

我国《国家中长期教育改革与发展规划纲要（2010—2020年）》提出了"坚持能力为重"的指导思想。切实促进学生能力发展，是当前深化基础教育课程改革、全面提高教育质量的关键点。体育作为一项需要课内与课外一体化，当下与终身一体化推进的教育事业，发展学生体育学习能力尤为重要。长期以来，对青少年体质健康水平以及运动技能学习质量高度关注，而对于体育学习能力的培养与评价研究不足。

终身体育论认为体育学习能力的核心是运动技能学习能力和体育健身能力，基于教育心理学的概括类化理论，"学生学习能力在对学科知识的概括化（或类化）等智力活动中形成"，提出创建典型的体育健身与运动技能学习情境，引导学生进行概括归纳，总结其中的规律、原理、原则，并在新情境中准确运用以获取新知识、解决新问题，是体育学习能力发展的重要途径。

4. 提高体质健康水平

伴随学生体质健康水平几十年持续下滑，以及现代社会生活方式病的日益普及，提高青少年体质健康水平是学校体育的重要目标之一。相应地，体质教育论、真义体育论是我国发端最早、影响最广、寄望最大的一种学校体育流派。

就提高青少年体育健身短期效应而言，体育锻炼促进体质健康发展的生理学机制是最为重要的支撑理论。体质教育流派代表人物之一林笑峰先生曾提出"体质变化势态控制的知识和技能是体育业务的中心环节",呼吁建立"健身学"学科,虽然在体质教育流派确立之初,普通青少年体育健身的生理学机制研究相对还比较薄弱,限制了体质教育课程设计与实施的科学化水平,影响了体质教育的实践效果,但近年来竞技体能训练"军转民"系列研究推动了大众体育健身科学理论与方法的快速发展。

但传统的体质教育流派忽视了影响体育健身长远效应的重要因素还包括主动运动的习惯与自我锻炼的能力,因为只有不仅局限在教师的指导下进行自我锻炼,增加"主动运动时间",才能实现运动效应累积,从根本上保证学生体质健康的长远发展,所以加强对体育锻炼习惯养成机制与体育健身能力培养机制的研究是体质教育流派自我完善的重要途径。同时,这两点又分别与享受运动乐趣与发展体育学习能力目标保持一致。

5. 锤炼意志与完善人格

自 2001 年第八次课程改革伊始,我国学校体育目标就依照世界卫生组织提出的"三维健康观"丰富了体育与健康课程的目标体系,将心理健康与社会适应能力作为体育课程学习领域的重要构成,开启了体育促进身心健康理论与方法研究的新征程,但总体上经验研究或相关性分析较多,还未能从原理机制层面进行充分揭示。

目前来看,运动教育论提出了"体育不仅限于身体方面的训练,更重要的是与全面教育的关系,即通过体育促成学生机体、品德、智力等全面发展",算是对于学生意志与人格培养的直接呼应。运动教育思想通过培养具有运动能力、理解和尊重运动的传统、规则和礼仪,信奉并践行运动文化的充满激情的运动员,进而发展身体活动的筹划和管理能力,具有负责意识和团队精神的领导力,理智分析处理问题的能力等全面素质。运动教育论基于"游戏理论"构建课程内容体系,基于"运动竞赛胜任力培养"设计教学过程,基于"真实运动体验"营造教学环境,最终构建以"运动季"为中心的课程模式。此外,运动文化论着重从"民主态度培养"与问题解决学习的衔接点入手,在体育教学过程中突出学生自主性、自发性活动,大力推行有充足"协商"时间的集团学习,实现"技术与集团的统一"。集团质量的提升,在学好技术本身之中蕴含着使人获得民主性变革的因素。

三、结语

我国学校体育实践曾长期处于"摸着石头过河"的经验探索时期，仅注重经验概括，制定工作规范；在各流派学校体育思想"百花齐放"时期，各种"主张"盛行而漠视"支撑理论"；在第八次体育课程与教学改革时期，强调践行"健康第一"思想的科学依据，理论准备不足问题开始凸显；在全面深化教育改革的内涵发展时期，学校体育需要更加科学、集约的理论指导，对学校体育中层理论研究的内在需求不断增强。将中层理论思想引入学校体育研究领域，加强人们对于学校体育中层理论研究价值的认识并提供方法论依据，为取得更为丰富的学校体育中层理论研究成果奠定必要基础。依据当前学校体育存在的现实问题及主要矛盾，深入分析和预测现阶段我国学校体育发展所应具备和充实的思想、理论，融合各流派理论成果，构建出具有宏观、中观、微观三层次结构的学校体育理论体系，进一步发挥了学校体育中层理论依托宏观、驾驭微观，指导实践科学发展的重要价值。

参考文献

[1] 刘海元，周登嵩．论体育教学指导思想及其提出的基本思路［J］．北京体育大学学报，2002，25（1）：86-88．

[2] 陈明海．一个哨子两个球，老师学生乐悠悠［J］．体育师友，2015（1）：22-23．

[3] 毛振明．快乐体育的理论及产生背景［J］．中国学校体育，1996（6）：67-69．

[4] 毛振明．回顾体育与健康课程改革的理论研究与教学实践［J］．大庆师范学院学报，2011，31（6）：105-110．

[5] 王家宏，蒋国旻．基础教育体育课程教学改革之审视［J］．东南大学学报（哲学社会科学版），2010，12（1）：108-111，125．

[6] 李林．《学校体育学》教材建设若干问题探讨［C］//第一届中国教育学会体育课程与教学研讨会．信阳：中国教育学会，2013：55．

[7] 周登嵩．学校体育学［M］．北京：人民体育出版社，2006：161-166．

[8] 张洪潭．技术健身教学论［M］．上海：华东师范大学出版社，2000：53-57．

[9] 罗伯特·金·默顿．论理论社会学［M］．何凡兴，译．北京：华夏出版社，1990：76-79．

[10] 杨念群．中层理论——东西方思想会通下的中国史研究［M］．南昌：江西教育出版社，2007：193-195．

[11] 彭小伟．学校体育中层理论研究：从教学理念向教学实践的贯通［J］．武汉体育学院学报，2016（11）：81-86．

[12] 吴肃然，陈欣琦．中层理论：回顾与反思社会学评论［J］．2015（3）：30-43．

[13] 徐湘林．从政治发展理论到政策过程理论——中国政治改革研究的中层理论建构探讨［J］．中国社会科学，2004（3）：108-120，207．

[14] 陈家喜．从路线规划到制度优化：建构中国政治发展的中层理论［J］．中国社会科

学，2014（1）：62-68.

[15] 彭贺．论东方管理的研究策略［J］．学术月刊，2009，41（4）：85-92.

[16] 麻宝斌，李广辉．行政学中层研究：寻找理论与现实的中介［J］．北京科技大学学报（社会科学版），2005，2（21）：17-21，113.

[17] 冯静．公共服务合作供给的中层理论述评［J］．湖北社会科学，2019（12）：39-45.

[18] 毛丹．社会学研究中的中层理论关心［J］．浙江社会科学，2006（5）：19-23，102.

[19] 童潇．论费孝通中层理论的建构努力及其当下意义［J］．苏州大学学报（哲学社会科学版），2009（2）：106-109.

[20] 陈伟．高等教育多学科研究之评价和超越——关于研究方法论的尝试性反思［J］．高等教育研究，2003，24（4）：80-84.

[21] 魏曙光．论伯顿·克拉克晚年的案例研究与中层理论建构［J］．西南交通大学学报（社会科学版），2010，4（11）：42-45，85.

[22] 张庆辉．中层理论：高等教育研究的新视角［J］．高教探索，2008（1）：39-41.

[23] 马多秀．构建中层理论：教育理论研究本土化的可能路径［J］．教育理论与实践，2010，30（9）：3-6.

[24] 苏永建．浅论院校研究的理论建构［J］．西南交通大学（社会科学版），2010，11（3）：42-44.

[25] 谭胜，洪成文．行业特色型院校发展战略的一种解构——基于中层理论的视角［J］．江苏高教，2016（5）：75-79.

[26] 刘献君．新时代院校研究的规范发展［J］．高等工程教育研究，2019（1）：93-98.

[27] 郝志军．教学理论的实践品格［M］．北京：教育科学出版社，2008：12-13.

[28] 奥康纳．教育理论是什么［M］//教育学文集·教育与教育学．北京：人民教育出版社，1993：467.

[29] 威廉·威尔斯曼．教育研究方法导论［M］．袁振国，译．北京：教育科学出版社，1997：21-22.

[30] 丁凯．论浙江学派——兼与张浚生先生商榷［J］．浙江社会科学，2004（2）：194.

[31] 杨念群．当代中国历史学何以引入中层理论［J］．前沿，2004（7）：34.

[32] 杨达．社会学定量研究方法的学理脉络及优劣判断［J］．江西社会科学，2009（11）：170.

[33] 候钧生．社会学方法论概念的结构分析［J］．社会学研究，1994（4）：28.

[34] 马兴帆．建构中层理论的路径探析［J］．现代交际，2019（4）：237-238.

[35] 叶南客．提炼社会矛盾本土概念 建构社会矛盾中层理论——读《现阶段我国社会矛盾演变趋势、特征及对策研究》［J］．社会科学研究，2018（6）：196.

[36] 汪仕凯．政治社会：一个中层理论［J］．学术月刊，2017，49（7）：78-87．

[37] 赫斯特．教育理论［M］//瞿葆奎．教育学文集·教育与教育学．北京：人民教育出版社，1993：441．

[38] 迟艳杰．教学领域中的理论与实践——兼论我国教学论学科面临的主要问题及发展选择［J］．中国教育学刊，1997（4）：40-42．

[39] 李森．教学理论与实践：转化方式探讨［J］．课程·教材·教法，2003（8）：37-40．

[40] 徐继存．教学理论反思与建设［M］．兰州：甘肃教育出版社，2000：13．

[41] 余文森．教学理论与教学实践的层级和关系［J］．中国教育学刊，2010（9）：26-31．

[42] 柳海民，王晋．教育基本理论研究的第三条道路——建构中层理论［J］．教育理论与实践，2009，29（1）：3-7．

[43] 刘宗南．论中国课程变革与执行理论的应然走向——基于中层理论的分析框架［J］．当代教育科学，2013（24）：3-7．

[44] 周建平．论教学论研究的三个取向［J］．教育理论与实践，2001，21（10）：31-34．

[45] 李志厚．教学与发展研究的回顾及教学改进的三个基本问题［J］．教育研究与实验，2018（3）：40-44．

[46] 顾留英．赞可夫论教学与发展［J］．师范教育，1992（2）：27-29．

[47] 王春华．巴班斯基教学过程最优化理论评析［J］．山东社会科学，2012（10）：188-192．

[48] 杨丹．对布鲁纳结构主义教学理论的再认识［J］．现代教育科学，2008（6）：88-90．

[49] 郑旭东，陈荣．从"教育过程"到"教育文化"：百年回望布鲁纳［J］．电化教育研究，2019（6）：5-10．

[50] 刘昕．巴格莱要素主义教育思想［J］．中国学校体育，1992（2）：62-63．

[51] 刘华东．关于合作教育的教育价值的探析［J］．中国高教研究，2004（8）：83-84．

[52] 李定仁，刘要武．当代国外教学理论发展的主要趋势［J］．外国教育动态，1992（6）：31-36．

[53] 赵昌木．中美百年来教学方法改革的若干比较［J］．山东师大学报（社会科学版），1994（6）：58-60，63．

[54] 林笑峰．健身教育论［M］．长春：东北师范大学出版社，2008：163-165．

[55] 蒋德龙．目的还是手段："技术传习之争"考察［J］．体育与科学，2013，34（3）：30-36．

[56] 王水泉，毛振明．"快乐体育论"的源头［J］．体育与科学，2014，35（2）：44-48．

[57] 董跃春，谭华，宋宗佩．建设终身体育社会的价值研究［J］．体育科学，2016，36（4）：51-60．

[58] 罗时铭．当代日本学校体育与社会体育研究［M］．北京：北京体育大学出版社，

2007：155-158.

[59] 邵伟德，李启迪，刘忠武. 运动技术教学原理构建 [J]. 体育学刊，2013，20（2）：9-14.

[60] 张光忠. 社会科学学科辞典 [M]. 北京：中国青年出版社，1990：13-15.

[61] 李如密，苏堪宇. 关于教学要素问题的理论探讨 [J]. 当代教育科学，2003（9）：11-14.

[62] 彭小伟，杨国庆. 体育教学系统要素与结构分析 [J]. 中国学校体育，2009（4）：35-36.

[63] 李秉德. 教学论 [M]. 北京：人民教育出版社，1999：153.

[64] 张楚廷. 教学要素层次论 [J]. 教育研究，2000（6）：65-69.

[65] 李秉德. 教学理论与教学实践"两张皮"现象剖析 [J]. 教育研究，1997（7）：32-33.

[66] 张巧玲. 提升体育教学实践指导力 [J]. 体育成人教育学刊，2017（6）：81-83.

[67] 托马斯·库恩. 科学革命的结构 [M]. 北京：北京大学出版社，2012：35.

[68] 徐继存，李定仁. 我国教育理论建设存在的问题及反思 [J]. 教学理论与实践，2001（8）：47-48.

[69] 朱旭东. 试论"教育的比较研究"和"比较教育研究" [J]. 比较教育研究，2008（2）：27-33.

[70] 王玉. 论价值哲学研究中的偏向 [J]. 马克思主义研究，2015（4）：143-144.

[71] 殷红，万茹. 论体质教育流派 [J]. 体育学刊，2014，21（5）：7-9.

[72] 张洪潭. 体质论与技能论的矛盾论——百年学校体育主线索厘澄 [J]. 体育与科学，2000，21（1）：11-13.

[73] 韩丹. 论"体育" [J]. 体育与科学，2011，32（3）：2-3.

[74] 毛振明，赖天德. 体育为健康，运动技术学习也为健康——兼评"新的课程教学改革是技术与健康之争"的观点 [J]. 中国学校体育，2007（1）：26-29.

[75] 曲宗湖，杨文轩. 学校体育教学探索 [M]. 北京：人民体育出版社，2002：27.

[76] 彭小伟. 体质教育流派审思——基于中层理论视角的分析 [J]. 沈阳体育学院学报，2016（5）：88-92.

[77] 中国学生体质与健康研究组. 2014年中国学生体质与健康研究报告 [M]. 北京：高等教育出版社，2018：153-155.

[78] USDHHS. Physical Activity and Health：A Report of the Surgeon General [R]. Atlanta：USDHHS，1996：57-62.

[79] 陈明达. 实用体质学 [M]. 北京：北京医科大学中国协和医科大学联合出版社，1993：37-40.

[80] 翁孟迁. 体育锻炼习惯的本质及运动健身信念模型 [J]. 体育学刊，2014，21（3）：

38-39.

[81] 季浏．体育锻炼与心理健康［M］．上海：华东师范大学出版社，2006：146-149.

[82] 林崇德．论学科能力的建构［J］．北京师范大学学报（社会科学版），1997（1）：6-12.

[83] 刘亚琼．美国"让我们动起来"下一代肥胖控制计划浅谈［J］．山东省团校学报，2014（2）：5-9.

[84] 周进国，周爱光等．中日青少年体质监测比较研究［J］．体育文化导刊，2013（2）：37-40.

[85] 孙耀鹏．体育兴趣的培养与体育课程教学改革——为专项体育课立论［J］．中国学校体育，1993（6）：60-62.

[86] 毛振明．体育课程改革新论［M］．北京：教育科学出版社，2012：42-43.

[87] 毛振明．近阶段中国体育教学理论研究的若干的成果和建树［J］．北京体育大学学报，2004，27（2）：232-235.

[88] 王登峰．贯彻落实十八大精神努力提高青少年体质健康水平［J］．中国学校体育，2013（1）：2.

[89] 扈中平．"人的全面发展"内涵新析［J］．教育研究，2005（5）：3-8.

[90] 彭小伟，毛振明．"专项体育课"的发展过程与学理依据［J］．体育学刊，2016（4）：1-5.

[91] 董奇，陶沙．动作与心理发展［M］．北京：北京师范大学出版社，2011：105-106.

[92] 沈峰．以鞭打原理为内容构建教学单元的设想［J］．中国学校体育，2013（3）：48-49.

[93] 赵文昌，张丽艳．基于心理学视角下的体育教育人格塑造功能［J］．东北师范大学学报（自然科学版），2011，43（1）：155-158.

[94] 周文霞，郭桂萍．自我效能感：概念、理论和应用［J］．中国人民大学学报，2006（1）：91-97.

[95] 陈琦，刘儒德．当代教育心理学［M］．北京：北京师范大学出版社，2012：407.

[96] 毛振明．"领会十八届三中全会精神，强化体育课和课外锻炼"系列讨论文章之四：研究学理教程 切实掌握技能［J］．体育教学，2014（4）：13-16.

[97] 于素梅．动作技能学习"窗口期"及理论建构——基于一体化体育课程建设的核心理论［J］．体育学刊，2019（3）：8-13.

[98] Shulman. These Who Understand：Knowledge Growth in Teaching［J］．Educational Research，1986（15）：4-14.

[99] Chen W. Learning the Skill Theme Approach：Salient and Problematic Aspects of Pedagegical Content Knowledge［J］．Education，1988，125（2）：194-212.

[100] Nan Z，Mohammad A，Haichun S，et al. Effects of Physical Activity on Motor Skills and

Cognitive Development in Early Childhood: A Systematic Review [J]. Biomed Research International, 1990 (2): 1-13.

［101］刘继宏. 美国小学体育教学中的技术主题方法研究 [J]. 体育与科学, 2013, 34 (5): 47-50.

［102］丁俊武. 动作技能学习理论的演变及发展规律展望 [J]. 北京体育大学学报, 2007 (3): 420-422.

［103］柴娇, 何劲鹏. 开放式运动技能学习原理及其在篮球教学中的应用 [J]. 体育学刊, 2010 (9): 65-68.

［104］石岩, 王冰. 开放式运动技能学习之道——王晋教授访谈录 [J]. 体育学刊, 2013 (3): 1-7.

［105］R. Thorpe, Bunker, L. Almond. Rethinking Games Teaching [M]. Loughborough: University of Technology, 1986.

［106］姚家新. 《孙子兵法》与竞技战术的理论审视 [M]. 北京: 北京体育大学出版社, 2007: 50.

［107］廖玉光. 球类教学领会教学法 [M]. 香港: 当代发展公司, 2002: 39.

［108］Griffin, Mitchell, Oslin. Teaching Sport Concepts and Skills: A Tactical Games Approach [M]. Champaign-Urbana: Human Kinetics, 1997: 118.

［109］廖玉光, 殷恒婵. 球类领会教学法 [M]. 北京: 北京体育大学出版社, 2006: 193.

［110］王润斌, 邱芬, 肖丽斌. 球类领会教学法的理论阐释与实践探索 [J]. 武汉体育学院学报, 2010, 44 (4): 84-90.

［111］毛振明. 运动文化论的主张和实践 [J]. 中国学校体育, 1992 (4): 65-67.

［112］袁振国. 当代教育学 [M]. 北京: 教育科学出版社, 2004: 133-140.

［113］罗时铭. 当代日本学校体育思想研究之二——运动文化论 [J]. 体育文化导刊, 1998 (3): 59-60.

［114］王水泉. 运动文化论的源流 [J]. 体育科学, 2014, 34 (12): 72-84.

［115］约翰·胡伊津哈. 游戏的人 [M]. 舒炜, 王宇根, 等, 译. 杭州: 中国美术学院出版社, 1996.

［116］罗永义, 仇军. 基于体育本体论的"快乐体育"教学理念反思 [J]. 北京体育大学学报, 2015, 38 (2): 105-111.

［117］潘绍伟. 快乐体育的优点与局限 [J]. 中国学校体育, 1996 (6): 60.

［118］毛振明. 改革开放40年中国学校体育关键词 [J]. 体育教学, 2019 (1): 4-5.

［119］毛振明. 快乐体育就是为了乐吗？[J]. 学校体育, 1992 (2): 63-65.

［120］包昌明, 富嘉贞. 体育教学与快乐体育 [J]. 中国学校体育, 1987 (1): 19-21.

[121] 王利国，程传银，赵富学，等．规则与竞争：学校体育游戏范式研究［J］．体育科学，2016，36（11）：3-11.

[122] 吴键．要正确认识和对待快乐体育［J］．中国学校体育，1996（6）：57-58.

[123] 何强，熊晓正．对"快乐体育"的再认识——重读《体育之研究》的启示［J］．武汉体育学院学报，2015，49（4）：5-11.

[124] 高嵘，吕武平．对我国多种体育教学指导思想的述评与思考［J］．教育科学研究，1998（6）：18-22.

[125] 刘绍曾．日本"生涯体育""快乐体育"思想述评［J］．体育科学，1993（5）：31-32.

[126] 陈红．关于快乐体育的反思［J］．南京体育学院学报（社会科学版），2003，17（3）：12-14.

[127] 松田岩男．体育心理学参考教材［M］．吕其彦，译．北京：人民体育出版社，1985：267-270.

[128] 张世响．现代日本学校体育教育的变迁1945—2008［M］．北京：北京体育大学出版社，2009：257-266.

[129] 毕红星．日本现代学校体育的演变［J］．四川体育科学，2008（4）：5-8.

[130] 黄群慧．中国的工业化进程：阶段、特征与前景［J］．经济与管理，2013，27（7）：5-11.

[131] 李勋，江文奇，李剑政．快乐体育思想的异化解读与诠释［J］．教学与管理，2012（6）：128-130.

[132] 燕凌，李京诚，韩桂凤．进步主义教育运动对美国学校体育的影响［J］．首都体育学院学报，2017，29（1）：36-38，84.

[133] Siedentop D. Physical Education：Introductory Analysis［M］．Dubuque：W M. C. Brown Company Publishers，1977：163-190.

[134] Celeste Ulrich. The Social Matric of Physical Education［M］．New York：Prentice-Hall，1969：99.

[135] Arthur Weston. Making of American Physical Education［M］．New York：Meredith Publishing Company，1962：127.

[136] 高嵘，张建华，高航，等．运动教育模式教学过程结构探析［J］．成都体育学院报，2007，33（2）：116.

[137] Rick C. Ferkel. Implementation of the Sport Education to Fit Any Classroom［C］．Shape America，2016.

[138] Siedentop D. Sport Education：A Retrospective［J］．Journal of Teaching in Physical Education，2002，21（4）：409-418.

[139] Grant Bevan C. Integrating Sport into the Physical Education Curriculum in New Zealand Secondary Schools [J]. Quest, 1992, 44 (3): 304-316.

[140] Alexander K, Taggart A, Thorpe S. A Spring in Their Steps? Possibilities for Professional Renewal through Sport Education in Australian Schools [J]. Sport, Education and Society, 1996, 1 (1): 23-46.

[141] 毛振明, 李捷. 响应全国教育大会号召, 让学生在体育锻炼中享受运动乐趣 [J]. 北京体育大学学报, 2019, 42 (1): 23-29.

[142] 李杰凯. 运动项目娱人致趣基本原理及应用 [M]. 北京: 科学出版社, 2017: 185-196.

[143] 毛振明, 张媛媛, 叶玲, 等. 论运动乐趣在体育课堂中的迷失与回归 [J]. 成都体育学院学报, 2019, 45 (2): 33-37.

[144] 刘桦楠, 季浏, 董翠香. 道德社会学视角下运动教育模式的德育实践研究 [J]. 北京体育大学学报, 2015, 38 (6): 89-94.

[145] 刘留. 略论运动教育的生命意蕴 [J]. 沈阳体育学院学报, 2016, 35 (4): 123-127.

[146] 王焕波. "运动教育"模式在高校公体篮球课中的实验研究 [J]. 山东体育学院学报, 2006 (4): 120-122.

[147] 杨慈洲, 代浩然, 高嵘. 运动教育在高校公体篮球教学中的应用研究 [J]. 武汉体育学院学报, 2006 (12): 106-108.

[148] 吴伟. 运动教育模式在普通高校体育教学中的实验研究 [J]. 北京体育大学学报, 2008, 31 (12): 1682-1685.

[149] 毛振明, 吴键, 马铮. 体育教学模式论 [J]. 体育科学, 1998 (6): 5-8.

[150] 李小刚. 美国运动教育模式本土化研究 [J]. 体育文化导刊, 2017 (5): 161-165.

[151] 张李强, 汪晓赞. 运动教育模式的国际研究热点述评 [J]. 武汉体育学院学报, 2017, 51 (02): 93-100.

[152] Siedentop D L, Hastie P, Van der Mars H. Complete Guide to Sport Education [M]. Champaign-Urbana: Human Kinetics, 2011: 4-39.

[153] 吴才智, 荣硕, 朱芳婷, 谌燕, 郭永玉. 基本心理需要及其满足 [J]. 心理科学进展, 2018, 26 (6): 1063-1073.

[154] 蒋晓培. 运动教育模式引入普通高校体育选项课的理论研究 [D]. 长春: 东北师范大学, 2006.

[155] 高航, 高嵘. 论运动教育模式的时代价值与发展 [J]. 体育文化导刊, 2020 (1): 105-109.

[156] 联合国教科文组织国际教育发展委员会. 学会生存——教育世界的今天和明天 [M]. 北京: 教育科学出版社, 1996.

[157] 联合国教科文组织总部中文科. 教育——财富蕴藏其中［M］. 北京：教育科学出版社，1996.

[158] 林诗娟. 论终身体育［J］. 武汉体育学院学报，1993（3）：1-4.

[159] 潘绍伟，于可红. 学校体育学［M］. 北京：高等教育出版社，2008：17-18.

[160] 王则珊. 终身体育研究［J］. 北京体育大学学报，1994，17（1）：9-13.

[161] 陈琦. 从终身体育思想审视我国学校体育的改革与发展［J］. 体育科学，2004，24（1）：40-43.

[162] 郎健，毛振明. 论体育课程在大中小学的断裂与衔接（上）［J］. 成都体育学院学报，2019，45（4）：91-97.

[163] "健康中国2020"战略研究报告编委会. "健康中国2020"战略研究报告［M］. 北京：人民卫生出版社，2012：44.

[164] 万茹，毛振明. 近现代我国体育学力观评析［J］. 体育文化导刊，2010（11）：144-147.

[165] 翁孟迁. 体育锻炼习惯的本质及运动健身信念模型［J］. 体育学刊，2014，21（3）：36-39.

[166] 王祖浩，龚伟. 国内外科学学科能力体系的建构研究及其启示［J］. 全球教育展望，2013（10）：96.

[167] 杨玉琴. 化学学科能力及其测评研究［D］. 上海：华东师范大学，2012.

[168] 徐斌艳. 数学学科核心能力研究［J］. 全球教育展望，2013，42（6）：68.

[169] 毛振明. 析"体育学科能力"及培养——兼谈体育教学指导思想的转变［J］. 北京体育师范学院学报，1997，9（1）：27.

[170] 查尔斯·布彻尔，马奇·克洛迪. 体育运动管理［M］. 北京：清华大学出版社，2005.

[171] Bratt, Sally J. Movement Education: An Individualized Approach to Physical Education［C］. The Annual Meeting of the American Association of School Administrators 114th, New Orleans, LA, 1982.

[172] 伊向仁，郑春梅，田吉明. 基础运动技能优化群模型与评价方法研究［J］. 山东体育科技，2013，35（2）：69.

[173] 赵焕彬，李建设. 运动生物力学［M］. 北京：高等教育出版社，2008：99.

[174] 杨灼芳，梁丽辉. 体育锻炼对身心健康的影响及其机制［J］. 北京体育大学学报，2011，34（6）：138-139.

[175] 郭建军. 我国青少年体育面临的问题及解决路径探讨［C］//第七届中国体育科学学会学校体育科学论文报告会，中国学校体育，2014：28.

[176] 魏高峡, 李佑发. 21世纪中国运动心理学的新方向: 运动认知神经科学研究 [J]. 体育科学, 2012, 32 (1): 57.

[177] 孔靖, 解毅飞. 论婴幼儿体育、家庭体育、学校体育和社区体育一体化 [J]. 山东体育学院学报, 2007, 23 (1): 41-43.

[178] 张加林, 唐炎, 陈佩杰, 等. 全球视域下我国城市儿童青少年身体活动研究——以上海市为例 [J]. 体育科学, 2017, 37 (1): 14-27.

[179] 夏树花, 张铁军, 王清梅, 等. 我国城市社区体育志愿者队伍现状及建设路径研究 [J]. 首都体育学院学报, 2016, 28 (2): 122-127.

[180] 易锋, 陈康, 丁青. 基于无边界组织理论的社区体育资源配置与共享策略 [J]. 体育成人教育学刊, 2018, 34 (15): 44-48.

[181] 辛利. 对学校体育"健康第一"指导思想的思考 [J]. 体育学刊, 2013, 20 (5): 8-11.

[182] 季浏. 对中国健康体育课程模式的理论与实践问题的再研究 [J]. 北京体育大学学报, 2019, 42 (6): 12-22.

[183] 季浏. 中国健康体育课程模式的思考与构建 [J]. 北京体育大学学报, 2015, 38 (9): 72-80.

[184] 顾明远. 以健康第一的教育理念筑牢学校体育在青少年成长成才中的基础 [J]. 全球教育展望, 2012, 42 (5): 33.

[185] 喻坚. 以"健康第一"思想作为学校体育主导思想的研究 [J]. 北京体育大学学报, 2005, 28 (5): 661-662.

[186] 熊文. 辨误与厘正: 学校体育"健康第一"理论立足点检视 [J]. 体育科学, 2019, 39 (6): 89-97.

[187] 谭广, 谭红, 马卫平. 关于健康第一基本理念的思考 [J]. 体育学刊, 2009, 16 (1): 46-49.

[188] 陈辉. 现代营养学 [M]. 北京: 化学工业出版社, 2005: 38.

[189] 余志琪, 潘红霞, 董静梅. 美国体适能的学科发展对中国体质健康测评体系的启示 [J]. 广州体育学院学报, 2011 (1): 42-46.

[190] 彭小伟, 毛振明. 试论体育学科能力测评的设计原理与内容框架 [J]. 体育学刊, 2015 (4): 83-88.

[191] 戴金明, 吕树庭. 体育社会学中层理论建设的框架、内容与发展思路 [J]. 上海体育学院学报, 2019, 43 (1): 51-56.